HEIDELBERGER AKADEMISCHE BIBLIOTHEK 10

Im Auftrag der
Heidelberger Akademie der Wissenschaften
herausgegeben von
Peter Graf Kielmansegg und
Bernhard Zimmermann

Peter Graf Kielmansegg

Gemeinwohl und Weltverantwortung

ALFRED KRÖNER VERLAG STUTTGART

Peter Graf Kielmansegg
Gemeinwohl und Weltverantwortung
1. Auflage
Stuttgart: Kröner 2022
(Heidelberger Akademische Bibliothek: Band 10)
ISBN Druck: 978-3-520-90010-4
ISBN E-Book: 978-3-520-90100-2

Klimaneutral
Druckprodukt
ClimatePartner.com/12514-2110-1007

Gesamtherstellung: Friedrich Pustet Regensburg

Inhalt

Vorbemerkung der Herausgeber

Mit der *Heidelberger Akademischen Bibliothek* möchte die Heidelberger Akademie der Wissenschaften ein Forum schaffen, auf dem die Mitglieder der Akademie sich auf eine neue Weise der interessierten Öffentlichkeit vorstellen können. Schon immer haben sich die Akademien der Wissenschaften durch die Publikation der in den Klassensitzungen gehaltenen Vorträge an die Öffentlichkeit gewandt. Aber diese Berichte haben aus vielen Gründen nicht mehr die Bedeutung, die sie einmal hatten. Die Heidelberger Akademie der Wissenschaften stellt ihnen deshalb eine neue Schriftenreihe zur Seite. In der *Heidelberger Akademischen Bibliothek* soll der Idee nach möglichst jedes Akademiemitglied ein für seine Forschungsarbeit charakteristisches Thema in einem wissenschaftlichen Essay so abhandeln, dass die jeweilige Fachwissenschaft davon Notiz zu nehmen Anlass hat, zugleich aber auch eine weitere Öffentlichkeit angesprochen wird. Jedes Mitglied soll, das ist der Gedanke, hier eine wissenschaftliche Visitenkarte abgeben. Und in der Summe der Beiträge soll der Kosmos der Wissenschaften so, wie er in der Heidelberger Akademie der Wissenschaften präsent ist, sichtbar werden, mit der ganzen Vielfalt von Themen, Fragestellungen, Methoden.

Die Heidelberger Akademie der Wissenschaften ist, im Unterschied zu anderen Akademien, noch immer in nur zwei Klassen gegliedert – die mathematisch-naturwissenschaftliche, die die Technikwissenschaften einschließt, und die philosophisch-historische, zu der auch die Sozialwissenschaften gehören. Es sind ganz überwiegend die in der philosophisch-historischen Klasse vertretenen Fächer, die das Buch noch als unverzichtbares Medium und den Essay als eine der Formen wissenschaftlichen Publizierens ansehen. Das spiegelt sich auch in der *Heidelberger Akade-*

mischen Bibliothek wider. Die mathematisch-naturwissenschaftliche Klasse, für deren Fächer inzwischen ganz andere Regeln des Publizierens gelten, wird nicht flächendeckend, wohl aber durch einzelne ihrer Mitglieder in der *Heidelberger Akademischen Bibliothek* präsent sein. Die philosophisch-historische Klasse umfasst aber schon für sich eine solche Fächervielfalt, dass sie einen eigenen Wissenschaftskosmos darstellt.

Wissenschaft und Öffentlichkeit – das ist keine einfache Beziehung, schon gar nicht in Zeiten, in denen die Wissenschaft sich dem Verständnis derer, die nicht selbst als Wissenschaftler tätig sind, immer stärker entzieht; in Zeiten zudem, in denen zugleich der Erwartungsdruck auf die Wissenschaft und das Misstrauen gegenüber der Wissenschaft wachsen. In der *Heidelberger Akademischen Bibliothek* werden vornehmlich die Wissenschaften zu Worte kommen, die sich in besonderer Weise der Frage nach ihrer ›Nützlichkeit‹ ausgesetzt sehen. Die *Heidelberger Akademische Bibliothek* hofft, einen bescheidenen Beitrag dazu leisten zu können, dass sichtbar bleibt, warum wir den Kosmos der Wissenschaften in seiner ganzen Vielfalt und Weite brauchen.

Peter Graf Kielmansegg *Bernhard Zimmermann*

Einleitung.

Man spricht in der Wissenschaft wieder über das Gemeinwohl, seit mehr als zwei Jahrzehnten schon. Die Rechtswissenschaft hat Wort und Sache nie ganz fallen gelassen. Aber auch die Politikwissenschaft und die politische Philosophie, die dem Thema über längere Zeit eher aus dem Weg gegangen sind, haben sich seiner von Neuem angenommen. Dabei fällt freilich auf, dass die vermutlich wichtigste Frage, die die Denkfigur des Gemeinwohls in der Welt von heute und erst recht wohl der von morgen aufwirft, in der Diskussion nur eine Randrolle spielt. Diese Denkfigur ist in ihrer theoretischen wie ihrer praktischen Anwendung immer auf Gemeinwesen als klar umgrenzte politische Einheiten bezogen gewesen, beginnend mit dem Stadtstaat des alten Griechenlands bis zum Nationalstaat der Moderne. Die Begrenztheit des Gemeinwesens, seine durch Grenzen definierte Identität, machte es überhaupt erst möglich, sinnvoll von einem ›gemeinen Wohl‹, eben dem Wohl dieses Gemeinwesens zu sprechen.

Aber sind die Voraussetzungen eines solchen Gemeinwohlverständnisses nicht inzwischen erodiert? Erodiert, weil in der Welt schon des 20., ganz gewiss aber der des 21. Jahrhunderts fast alles, was Staaten – und nicht nur Staaten – tun oder lassen, vielfältig grenzüberschreitende Wirkungen hat. Und weil Demokratien, darauf wird besonders einzugehen sein, ihrem Selbstverständnis nach nicht anders können, als auf diese Entwicklung besonders sensibel zu reagieren. Hat ein Gemeinwohlverständnis noch einen Wirklichkeitsbezug, welches daran festhält, dass die Grenzen, die Staaten trennen, auch Grenzen sind, die Gemeinwohlsubjekte voneinander trennen? Und wenn nicht, was dann? Gibt es nur noch ein einziges Gemeinwohlsubjekt – die Menschheit?

Freilich stellt sich dieser Frage sofort die Gegenfrage entgegen: Lässt sich die politisch nur sehr schwach verfasste Menschheit – wenn man denn überhaupt von einer Menschheitsverfassung sprechen kann – sinnvoll als Gemeinwohlsubjekt denken? Und wenn man es statt mit der Menschheit, dem Planeten Erde, ersatzweise mit Großräumen, Weltregionen – der europäischen Staatenföderation etwa – versucht, gilt dann nicht genau das für die Nationalstaaten Gesagte: Gemeinwohlvorstellungen, die der Wirklichkeit des 21. Jahrhunderts gerecht werden wollen, lassen sich nicht mehr in territoriale Grenzen einbinden?

Es sind diese Fragen, denen ich im Folgenden nachgehen will. Eingangs wird zu begründen sein, warum der Begriff des ›Gemeinwohls‹ wie das, was er bezeichnet, im politischen Diskurs unverzichtbar ist. Und es wird die Frage zu beantworten sein: Wie kann man an ihm festhalten, obwohl der kritisch-fragende Geist der Moderne die Gemeinwohlgewissheiten früherer Zeiten zersetzt hat?

Das Plädoyer dafür, an Begriff und Idee des Gemeinwohls festzuhalten, ist noch keine Antwort auf die Frage nach einer demokratiegemäßen Gemeinwohlkonzeption. Sie wird uns im zweiten Schritt beschäftigen. Sie ist schon deshalb dringlich, weil Demokratien durch die Spannung zwischen Gemeinwohlverpflichtung und Weltverantwortung in besonderer Weise herausgefordert werden. Demokratien sind ja universalistischen Prinzipien verpflichtet, aber eben doch partikulare Gemeinwesen. Und das, wie zu zeigen sein wird, notwendigerweise.

Nach diesen notwendigen Vorklärungen kann im dritten Kapitel das eigentliche Thema ins Visier genommen werden: Lässt sich die Idee eines an territorial begrenzte politische Einheiten gebundenen Gemeinwohls aufrechterhalten? Oder muss sich die Verpflichtung auf ein so verstandenes Gemeinwohl in Weltverantwortung auflösen?

Können die traditionell verstandene Gemeinwohlverantwortung, die aus universalistischer Perspektive immer eine partikulare ist, und Weltverantwortung nebeneinander bestehen, aufeinander bezogen, ja miteinander versöhnt werden?

Es ist unerlässlich, diese Fragen grundsätzlich und das heißt auf eher hohem Abstraktionsniveau zu erörtern. Aber ist das geschehen, so erscheint es als sinnvoll, ein begrenztes Problemfeld exemplarisch genauer ins Auge zu fassen. Angesichts der Migrationswirklichkeit des frühen 21. Jahrhunderts drängt sich das Thema Migration für diesen Zweck auf. Die stärksten externen Effekte – jedenfalls gilt das für die Demokratien in den Wohlstands- und Sicherheitsregionen unseres Globus – hat ja jene staatliche Gesetzgebung, die das Zugangsrecht zum Territorium und das Aufenthaltsrecht auf dem Territorium mit den korrespondierenden Rechten, etwa Ansprüchen auf sozialstaatliche Leistungen, regelt. Jedes Gemeinwesen, dass ein mögliches Zufluchtsland für Migranten ist, sieht sich mit der Frage konfrontiert: Wie kann es seiner Verpflichtung auf das Gemeinwohl seiner Bürger und seiner Weltverantwortung gleichermaßen gerecht werden? Diese Frage wird im vierten Kapitel erörtert. Noch einmal: Das Migrationsthema wird nicht um seiner selbst willen aufgegriffen, sondern um an einem Beispiel zu zeigen, was es heißt, zwischen Gemeinwohlverpflichtung und Weltverantwortung abzuwägen. Der Leser, heißt das, sollte über der Lektüre des vierten Kapitels die ersten drei nicht vergessen.

1. Kapitel. Gemeinwohl – über die Unverzichtbarkeit einer Idee.

2000 Jahre lang ist das Gemeinwohl in wechselnden begrifflichen Fassungen und mit wechselnder Intensität eine zentrale Kategorie des europäischen politischen Denkens gewesen. Man kann sogar sagen: Über lange Phasen kreiste das politische Denken recht eigentlich um die Idee des Gemeinwohls. Dass es auf die Frage, was das sei, das Gemeinwohl, eine klare, für jedermann einsehbare und gültige Antwort gebe, stand außer Zweifel. Diese Gewissheit hatte Voraussetzungen. Sie ist nur möglich, wenn die Gemeinschaft, um deren Wohl es geht, eine durch ein gemeinsames Weltbild geeinte Gemeinschaft ist; ein Weltbild, das eine das Gemeinwesen verpflichtende, unangefochtene Antwort auf die Frage nach dem Sinn, nach der Bestimmung des menschlichen (Zusammen)-Lebens gibt.

Die Neuzeit, die die Autonomie des Individuums verkündet und den Zweifel zum Grundprinzip des Denkens erhebt, hat die Bedingungen der Möglichkeit einer solchen Übereinstimmung Schritt für Schritt zerstört. Spätestens vom 19. Jahrhundert an wuchs der Zweifel daran, dass es eine verbindende, eine verbindliche Antwort auf die Frage nach dem Gemeinwohl geben könne. Wenn es diese Antwort aber nicht mehr gibt, warum dann überhaupt noch vom Gemeinwohl sprechen? Am Ende verabschiedete sich jedenfalls das politisch-theoretische Denken denn auch ganz explizit vom Begriff und von der Sache. Es ist nicht zu viel gesagt, dass dieser Abschied die vielleicht tiefste Zäsur in der Geschichte des europäischen politischen Denkens darstellt.

Die Entwicklung zweier Jahrtausende nachzuzeichnen ist hier natürlich nicht der Ort. Aber einige Andeutungen sind doch geboten. Die Gemeinwohlgewissheit, die dem politischen Denken bis in die Neuzeit eigen war, lässt sich an zwei für die Tradition entscheidenden Autoren mit wenigen Worten sichtbar machen: Aristoteles[1] und Thomas von Aquin[2]. Die aristotelische Antwort auf die Frage nach dem Telos, dem Sinn, der Bestimmung des politisch verfassten Zusammenlebens der Menschen lautet: Die Polis hat das »gute Leben« ihrer Bürger möglich zu machen. Dass, und darauf kommt es hier an, das »gute Leben« keine Leerformel ist, sondern ein durch philosophische, das heißt vernünftige Überlegung präzise bestimmbarer Leitbegriff, ist für Aristoteles eine Selbstverständlichkeit. Das Doppelwerk *Nikomachische Ethik – Politik* dient der Explikation dieses Leitbegriffes. »Gutes Leben« heißt: ein Leben sinnvoller Entfaltung des Menschlichen. Mit der Bestimmung des Telos des Gemeinwesens ist auch die Antwort auf die Frage nach dem Gemeinwohl gegeben: Das »gute Leben« seiner Bürger zu ermöglichen, das ist die Gemeinwohlaufgabe, an der das Gemeinwesen sich zu bewähren hat.

Wie selbstverständlich Aristoteles Begriff und Sache sind, lässt sich daran ablesen, dass er ihnen eine Schlüsselrolle in seiner Staatsformenlehre zuweist.[3] Sie unterscheidet zwei Gruppen von Staatsformen grundsätzlich danach, ob die Regierenden das Gemeinwohl, den gemeinen Nutzen aller fördern oder aber ihren eigenen Nutzen suchen. Der gemeinsame Nutzen aller, der Bürger und ihrer Hausstände, ist eben das gemeinschaftlich verwirklichte »gute Leben«.

Thomas nimmt die aristotelische Argumentation auf, benennt dann freilich an Augustin anknüpfend zuerst eine

1 Zum Folgenden Aristoteles: *Politik*, 3. Buch.

2 Zum Folgenden Thomas von Aquin: *Über die Herrschaft der Fürsten*, 1. Buch.

3 Aristoteles: *Politik*, 3. Buch, 1279a.

elementare, richtiger *die* elementare Bedingung des »guten Lebens«: den Frieden. Frieden ist der Kern seiner Antwort auf die Gemeinwohlfrage.[4] Den Frieden zu wahren, ist die erste und vornehmste Aufgabe eines jeden Gemeinwesens. Das gute, das richtige Leben selbst aber, das nur in Frieden gelebt werden kann, ist bei Thomas natürlich christlich verstandenes »gutes Leben«. Es ist ausgerichtet auf jenes Leben, »das wir im Himmel voller Seligkeit erhoffen«. Das Gemeinwesen hat die Grundlagen für dieses gute Leben zu schaffen, diese Grundlagen zu bewahren und »das Bewahrte zu immer Besserem zu heben«.[5] Auch hier gilt: Es gibt für Thomas keinen Zweifel daran, dass man wissen kann, was das gute Leben und mithin das Gemeinwohl ist.

Die allmähliche Intensivierung von Herrschaft im Zuge der Entwicklung des Territorialstaates in der frühen Neuzeit hatte eine Konkretisierung, in gewissem Sinn Materialisierung des Gemeinwohlverständnisses zur Folge.[6] Vorsorge für das, was man die tägliches Leben ermöglichenden Infrastrukturen – im weitesten Sinne des Begriffes – nennen könnte, trat nun als Kern der Gemeinwohlaufgabe in den Vordergrund, oft mit ausgesprochen lokalem Bezug. Auch veränderte sich die normative Ausrichtung des Gemeinwohlpostulates. Ursprünglich hatte es vor allem die Funktion, die Regierenden zu binden, sie auf ihre Aufgabe zu verpflichten. Jetzt, im Zuge der Konsolidierung territorialer Fürstenherrschaft, aber auch des Regimentes an-

4 Thomas von Aquin: *Über die Herrschaft der Fürsten*, 1. Buch, 2. Kapitel.

5 Ebd., 15. Kapitel.

6 Zu den folgenden Bemerkungen über die Geschichte der Gemeinwohlidee die Beiträge in Münkler/Bluhm/Fischer 2001/02, Bd. I, insbes. auch die Einleitung. Für die Zeit bis zum späten Mittelalter Hirbst 1991. Für die frühe Neuzeit Schulze 1986. Zu Adam Smith Muller 1993. Zu Kant Kersting [2]1993.

derer, etwa städtischer Obrigkeiten, wurde es vornehmlich genutzt, um die Regierenden zu legitimieren und die Untertanen zu verpflichten. Die Verantwortung der Obrigkeit für das Gemeinwohl ist es, die ihre Amtsmacht rechtfertigt und die Gehorsamspflicht der Untertanen begründet. An der Selbstverständlichkeit der Geltung der Gemeinwohlprämisse änderten diese Entwicklungen nichts.

In der »Polizeywissenschaft« des frühneuzeitlichen Staates wurde die Vorstellung, was zum Wohl eines Gemeinwesens zu geschehen habe, sei präzise bestimmbar, am weitesten getrieben. Die Lehre vom Gemeinwohl wurde zur Wissenschaft. Je mehr diese ›Wissenschaft‹ ins Detail ging – und das war ihre Tendenz –, desto umfassender wurde der durch sie legitimierte Regierungsauftrag der Obrigkeit. Das Wort Glückseligkeitsabsolutismus trifft diese Entwicklung sehr präzise. Mit seiner Verantwortung für die »Glückseligkeit« der Untertanen rechtfertigte der absolutistische Herrscher seinen umfassenden Herrschaftsanspruch. Im ›Glückseligkeitsabsolutismus‹ erreichte die Tendenz der Umdeutung des Gemeinwohls aus einer die Obrigkeit verpflichtenden in eine die Obrigkeit ermächtigende Norm einen Höhepunkt. Soweit die Umdeutung aber auch getrieben worden sein mag, es blieb dabei: Kein Regierender konnte sich auf das Gemeinwohl berufen, ohne damit einen Maßstab zu benennen, an dem er selbst gemessen werden konnte. Diese durch keinen Instrumentalisierungsversuch auszuschaltende Bindungswirkung ist der Gemeinwohlidee kraft ihrer Begriffslogik eigen.

Übrigens müssen auch Begriff und Idee der Staatsraison, die in der frühen Neuzeit auftauchen, in diesem Zusammenhang jedenfalls kurze Erwähnung finden. Sie machen den sich herausbildenden Staat, der sich im Wettbewerb mit den anderen um ihre Konsolidierung ringenden Territorialherrschaften behaupten muss, recht eigentlich zu seinem eigenen Zweck. Aber auch in dieser Selbstbezüglichkeit steckt noch eine Antwort auf die Frage nach dem Gemeinwohl. Nur lautet die Antwort jetzt, dass das Gemeinwohl das Wohl des Staates als eines Wesens sei, das sein eigenes Leben führt. Es ist klar, dass es der Herrscher ist, der darüber befindet, was die Raison des Staates gebietet. Auch in der Doktrin der Staatsraison begegnet uns also die Umdeutung des Gemeinwohls aus einer herrschaftsverpflichtenden in eine Herrschaft legitimierende Potenz. Aber noch einmal: Die Idee des Gemeinwohls wird in dieser Doktrin fortgeschrieben, nicht außer Kraft gesetzt.

Die erste, dramatische Peripetie in der Geschichte der Idee des Gemeinwohls lässt sich an zwei großen Namen des späten 18. Jahrhunderts festmachen: Immanuel Kant und Adam Smith. Beide reagieren, jeder auf seine eigene Weise, auf die paternalistischen Übersteigerungen des Glückseligkeitsabsolutismus, ohne dabei den Gemeinwohlgedanken ganz aufzugeben. Kant zieht die Konsequenz aus der sich allmählich entfaltenden neuzeitlichen Idee, dass alle Ordnung des Zusammenlebens auf die Prämisse der Autonomie des – als vernunftgeleitet gedachten – Individuums gegründet werden müsse. Aus dieser Prämisse folgt für ihn, dass jeder das Recht habe, gemäß seiner eigenen Vorstellung von Glückseligkeit, will sagen: vom Sinn des Lebens, zu leben, solange das gleiche Recht aller anderen dadurch nicht beeinträchtigt wird. Aus dieser Setzung ergibt sich, dass das Gemeinwohl sich in einer Rechtsordnung verwirklicht, die für jedermann den Raum der Freiheit, sein Leben nach eigenem Gutdünken zu leben, schafft und sichert. Dieses Gemeinwohlverständnis gibt der Gemeinwohlverpflichtung der Obrigkeit vor allem dadurch Kontur, dass es ihrem Gemeinwohlauftrag klare, eher enge Grenzen zieht. Für die Glückseligkeit der Untertanen ist sie nicht mehr zuständig. Die Gemeinwohlverpflichtung des Bürgers ist, komplementär zu der der Obrigkeit, auf den Rechtsgehorsam, auf die Anerkennung einer Freiheit verbürgenden Rechtsordnung begrenzt.

So wie Kant der Gemeinwohlidee eine Fassung gibt, in der der moderne Liberalismus sie aufnehmen kann, gibt auch Adam Smith ihr eine solche, freilich eine andere. Bei ihm rückt das Interesse ins Zentrum der Argumentation. Wo Kant jedem das Recht zuspricht, seinen Lebensplan an der eigenen Vorstellung vom Sinn des Lebens auszurichten, und der Rechtsordnung die Aufgabe zuweist, das Selbstbestimmungsrecht eines jeden mit dem Selbstbestimmungsrecht eines jeden anderen kompatibel zu machen, ermutigt Smith handfester jeden, seine Interessen zu verfolgen, und sichert ihm zu, dass er eben dadurch seinen Beitrag zum allgemeinen Besten leiste. Die Ordnung, die das gewährleistet, ist der Markt. Dass das partikulare Interesse und das Gemeinwohl nicht mehr gegeneinander gestellt, sondern einander zugeordnet werden, ist ein durchaus revolutionärer Sprung in der Geschichte des Gemeinwohldenkens. Er kehrt die traditionelle Entgegensetzung von Eigennutz und Gemeinwohl in gewisser Weise um. Zwar setzt ein funktionierender Markt immer noch gewisse Tugenden der Marktteilnehmer voraus, die das Interesse gleichsam einhegen. Aber das Interesse ist doch das eigentliche Movens des Marktgeschehens, welches dann aus interessegeleitetem Handeln Gemeinwohlgüter hervorgehen lässt. Die Frage drängt sich auf, ob für die Politik gilt, was für die Wirtschaft gelten mag. Jedenfalls ist die Gemeinwohlverpflichtung des Bürgers in dieser Argumentation offensichtlich stark verblasst. Aufgegeben wird die Idee des Gemeinwohls aber nicht. Das Fazit der skizzierten ›Peripetie‹ lässt sich etwa so formulieren: Auch das liberale Gesellschaftsmodell, wie es im 18. Jahrhundert Kontur gewinnt, hält an der Idee des Gemeinwohls noch fest, fasst es jedoch neu als Inbegriff der Ordnungsbedingungen der Möglichkeit individueller Freiheit.

Aber der Prozess der Erosion der alten Gewissheit, dass die Frage nach dem Gemeinwohl die Schlüsselfrage des politischen Denkens sei und dass es eine für jedermann einsehbare, verbindliche Antwort auf diese Frage gebe, schreitet fort. Am Ende dieses Erosionsprozesses gibt es keine Autorität mehr, die die Frage nach dem Gemeinwohl unbestreitbar und unbestritten beantworten könnte. Auch die Vernunft im Allgemeinen, die letzte Instanz der Moderne für intersubjektive Gewissheit, kann in Sinn- und Sollensfragen diese Autorität nicht sein. Und die Wissenschaft im Besonderen kann es in dem Maß, in dem sich das moderne Verständnis von Wissenschaft durchsetzt, erst recht nicht sein. Wissenschaft beschreibt und erklärt das Beobachtbare, und zwar im Prinzip so, dass jedermann Beschreibung und Erklärung nachvollziehen kann. Nur so, das ist die Prämisse, lässt sich sicheres Wissen über die Wirklichkeit gewinnen. Der normativen Reflexion ist damit ein anderer Status zugewiesen. Wissenschaft kann normative Fragen nicht entscheiden. Sie kann mithin auch keine Antwort auf die Frage nach dem Gemeinwohl geben. Es bleibt zwar Raum für philosophisches Denken diesseits oder jenseits der Wissenschaft. Aber jenen Anspruch auf mindestens befristete Verbindlichkeit, die wissenschaftliche Aussagen für sich geltend machen dürfen, können Gemeinwohlaussagen nicht erheben.

Es gibt natürlich Versuche der Gegenwehr gegen die Ablösung aller Gewissheiten durch die Subjektivitäten der Moderne, Versuche der Rettung der Idee des Gemeinwohls. So ist, um wenigstens einen von ihnen beispielhaft zu nennen, der Vorschlag gemacht worden, den Evidenzkern der alten Gemeinwohlgewissheit durch einen Rückzug auf eine rein negative Bestimmung des Gemeinwohls zu bewahren: Das gemeine Wohl aller ist die Verhinderung der großen, existenziellen Übel, die alle treffen – nicht mehr, aber immerhin das.[7] Doch auch dieser Versuch führt, so viel Vernunft er für sich haben mag, aus den Aporien nicht wirklich heraus. Gewiss, darüber, was große, unter allen Umständen zu vermeidende Übel sind, mag man sich leichter verständigen können als darüber, welche Güter positiv zu erstreben sind. Die vier apokalyptischen Reiter sollen nicht ins Land einbrechen – dem ist kaum zu widersprechen. Aber alle Politik beginnt erst bei der Frage, wie die apokalyptischen Reiter am besten ferngehalten werden können. Und führt dann unweigerlich zu der Frage weiter, was aus dem vor den apokalyptischen Übeln bewahrten Gemeinwesen werden soll. Ein Gemeinwohlbegriff, der seine Aussagekraft verliert, sobald wir in die Sphäre der Politik eintreten, ist nutzlos, also überflüssig.

Ist es also ein Gebot intellektueller Redlichkeit, die Idee des Gemeinwohls als historisch überlebt aufzugeben? Dieser Schluss ist vom 19. Jahrhundert an oft gezogen worden. Ein exemplarisches Plädoyer für den Verzicht auf Idee und Begriff des Gemeinwohls hat Josef Schumpeter in seinem 1943 erschienenen, berühmten Buch *Capitalism, Socialism and Democracy* formuliert. Das eigentliche Thema des Buches ist die Frage, ob dem Kapitalismus oder dem Sozialismus die Zukunft gehöre. Seine Antwort – er hält den Sozialismus für die überlegene Wirtschaftsordnung – zwingt Schumpeter weiterzufragen: Sind Sozialismus und Demokratie vereinbar? Das ist der Punkt, an dem er auf das Gemeinwohlthema stößt. Denn die »klassische Dok-

7 Ein Beispiel: Shklar 1991. Shklar bestimmt ihr *summum malum* als »cruelty and the fear it inspires, and the very fear of fear itself«, S. 29.

trin der Demokratie«, die Schumpeter bei Rousseau zu finden meint, setze die Annahme eines für alle einsichtigen Gemeinwohls voraus, auf das der Wille des Volkes sich richte und das durch die Herrschaft des Volkes verwirklicht werde. Dieser Annahme stellt Schumpeter die These entgegen: »There is no such thing as a uniquely determined common good that all people could agree or be made to agree upon by the force of rational argument.«[8] Und selbst wenn es dieses *common good* gäbe: Streit darüber, wie es sich erreichen lasse, wäre unvermeidlich und damit bliebe der abstrakte Konsens politisch nahezu bedeutungslos. Schumpeter illustriert das einleuchtend an einem ganz unkontroversen Gemeinwohlziel: Gesundheit für alle. Das Ziel versteht sich so sehr von selbst, dass es darüber keiner ausdrücklichen Verständigung bedarf. Das ›Wie‹ ist gleichwohl immer heftig umstritten.

Schumpeters Vorstellung von der klassischen Doktrin der Demokratie ist entschieden kritisiert worden – zu Recht. Aber das braucht uns hier nicht zu beschäftigen. Seine Einwände gegen die Idee eines objektiv bestimmbaren Gemeinwohls behalten ihr Gewicht. Sie tauchen in der modernen Auseinandersetzung mit der Idee eines erkennbaren und verpflichtenden Gemeinwohls immer wieder auf: Begriff und Idee seien leer, weil jeder sie mit seinem Inhalt füllen könne. Und in einer Welt legitimer Pluralität der Weltanschauungen und Interessen auch fülle. Es gebe keine Möglichkeit, durch Vernunftargumente Übereinstimmung über den Gehalt des Begriffes herbeizuführen. Genauer: Allgemeine Zustimmung fänden Gemeinwohlbestimmungen allenfalls auf einer Ebene der Abstraktion, auf der sie für politisches Handeln keine Bedeutung gewinnen könnten. Der Konsens über hochab-

8 Schumpeter 1996, S. 251.

strakte Gemeinwohlziele gehe unvermeidlich mit einem Dissens über jeden Konkretisierungsschritt, über die Wege, die zum Ziel führen, einher. Erst mit dem aus diesem Dissens entspringenden Streit aber werde die Sphäre des Politischen erreicht.

Noch eine zweite, etwas anders argumentierende skeptische Stimme sei angeführt. Robert Dahl, einer der führenden amerikanischen Politikwissenschaftler der zweiten Hälfte des vergangenen Jahrhunderts, hat sich in seinem Buch *Democracy and its Critics* ausführlich mit dem Gemeinwohlthema auseinandergesetzt. Das Buch erschien 1989, fast ein halbes Jahrhundert nach Schumpeters *Capitalism, Socialism and Demcracy*. Dahls Fragestellung ist eine ganz andere als die Schumpeters. Dessen Auseinandersetzung mit dem – Rousseau zugeschriebenen – »klassischen« Demokratiekonzept mündet in eine normativ stark reduzierte »realistische« Konzeption von Demokratie, die ohne jede Bezugnahme auf das Gemeinwohl auskommt. Dahl hingegen verfolgt das entgegengesetzte Ziel. Er entwickelt eine normativ höchst anspruchsvolle Konzeption von Demokratie. Und fragt sich im Zuge seines Argumentationsganges, ob man gegen die so verstandene Demokratie ins Feld führen könne, dass sie nicht verlässlich das Gemeinwohl verwirkliche. Seine Kritik an der Idee des Gemeinwohls dient der Verteidigung der Demokratie – sie wird uns im zweiten Kapitel noch beschäftigen. Sein Fazit aber, was das Gemeinwohl angeht, ist dem Schumpeters sehr ähnlich: »Every attempt I've seen to prescribe the common good is either too limited to be generally acceptable or too general to be very relevant and helpful.«[9]

9 Dahl 1989, S. 283. Dahl entwickelt seine Argumentation in diesem Buch immer wieder im Modus streitig ausgetragener Gespräche. Den zitierten Satz legt er dem als Modernist gekennzeichneten

Die Skepsis der politischen Theorie des 20. Jahrhunderts gegenüber der Idee des Gemeinwohls war der Tribut, den diese Theorie der durchschlagenden Erfahrung des Weltanschauungspluralismus der Moderne zollte, hinter den kein Weg mehr zurückführt. Aber sie hat vermutlich auch noch andere Wurzeln. Sie hat auch etwas mit der Gegenerfahrung des Weltanschauungsmonismus der Totalitarismen zu tun, die dieses Jahrhundert so stark geprägt haben. In deren Rechtfertigungsstrategien spielte der Gemeinwohltopos eine wichtige Rolle. Mit ihm nahmen sie ihre Untertanen bedingungslos für ihre Zwecke in Pflicht. Die Antwort auf die Frage, was das Wohl des Ganzen sei, gaben natürlich die Herrschenden, und nur sie. Das Gemeinwohl degenerierte zur Rechtfertigungsformel für die brutale In-Dienst-Nahme der Menschen für die Ziele der Herrschenden, bis hin, im Fall des NS-Systems, zur Selbstzerstörung des Gemeinwesens, die ganz sicher durch keine denkbare Gemeinwohlbestimmung gedeckt ist. Es ist dieser Hintergrund, vor dem die Distanz gesehen werden muss, die die politik-philosophische Theorie lange Zeit zur Gemeinwohlidee hielt. Diese Idee schien zu missbrauchsanfällig zu sein. Bot sie sich für den Missbrauch nicht geradezu an? War es dann nicht besser, ganz auf sie zu verzichten?

Dass und wie es gegen alle Skepsis vom Ende des 20. Jahrhunderts an in der politischen Theorie zu einer Renaissance der Idee des Gemeinwohls kam, ist nicht leicht zu erklären. Aber wie immer sie zu erklären sein mag – es gibt diese Renaissance, darüber ist sich die Literatur einig.[10]

Gesprächspartner in den Mund. Aber es steht außer Zweifel, dass der Modernist hier für Dahl spricht.

10 Für den deutschsprachigen Raum gab einen wichtigen Impuls das aus einem Projekt der Berlin-Brandenburgischen Akademie

Das Reden vom Gemeinwohl steht vielleicht noch unter kritischer Beobachtung, aber nicht mehr unter dem Generalverdacht, es diene doch nur der Verschleierung partikularer Interessen. Und befreit von diesem Generalverdacht ist das Nachdenken über das Gemeinwohl auf der Suche nach neuen Antworten.

Beigetragen hat zu dieser Renaissance sicher, dass der Abbruch der Tradition nie ein vollständiger war. Der Weltanschauungspluralismus der Moderne hat ja nicht für jedermann die Gewissheiten aufgehoben, auf denen das ältere Gemeinwohlverständnis beruhte. Für die von Thomas von Aquin herkommende katholische Soziallehre im Besonderen hat der Begriff, hat die Überzeugung, dass es ein objektiv bestimmbares Gemeinwohl gebe und dass das politische Denken und Handeln sich auf dieses Gemeinwohl auszurichten habe, immer Schlüsselbedeutung behalten.[11] Wichtiger mag sein, dass das Recht, das ja sehr viel enger mit dem Alltag eines Gemeinwesens verflochten ist als die politische Theorie, niemals aufgehört hat, ziemlich unbefangen mit Formeln zu hantieren, die auf ein objektiv bestimmbares Gemeinwohl verweisen – ›öffentliches Interesse‹[12], ›Wohl der Allgemeinheit‹ oder, im

der Wissenschaften hervorgegangene vierbändige Werk Münkler/Bluhm/Fischer 2001/02. Zur gleichen Zeit erschienen v. Alemann/Heinze/Wehrhöfer 1999 und Schuppert/Neidhardt 2002. Zum Fortgang der Diskussion Collaud/Nebel 2018. Ein früher Beitrag zur Wiederbelebung der Gemeinwohldiskussion v. Arnim 1977. Amerikanische Stimmen: Jordan 1989; Daly/Cobb 1989; Chomsky 2003; Etzioni 2004; *Daedalus* 2013.

11 Messner 1962; Rauscher 1985.

12 In der amerikanischen Debatte ist der Begriff ›public interest‹ kontinuierlicher präsent geblieben als etwa in der deutschen der Begriff ›Gemeinwohl‹: Schubert 1961; Friedrich 1966; Flathman 1966.

Amtseid, den das Grundgesetz in Art. 56 formuliert, »Wohl des deutschen Volkes«[13].

Überhaupt öffnete sich mit der geschriebenen Verfassung jedenfalls für den Juristen so etwas wie ein Ausweg aus dem Gemeinwohldilemma der Moderne. Es sind in der kodifizierten Verfassung eines Gemeinwesens mit dem höchsten Grad an rechtlicher Verbindlichkeit ja die Werte festgeschrieben, an denen es sein politisches Handeln auszurichten hat. Das gilt selbst für Verfassungen, in denen wie in der US-amerikanischen nur Kompetenz- und Verfahrensnormen niedergelegt sind. Es gilt erst recht für Verfassungen, in denen – und das ist inzwischen die Regel geworden – der Politik Ziele vorgegeben werden. Auch das Grundgesetz, das, was Staatsziel- und Staatszweckbestimmungen angeht, ursprünglich aus gutem Grund zurückhaltend war, kennt längst mehr solcher Vorgaben als nur das Sozialstaatsgebot, vom »Schutz der natürlichen Lebensgrundlagen und der Tiere« (Art. 20a) bis zur »Verwirklichung des vereinten Europas« (Art. 23). Liegt es nicht nahe, Verfassungsbestimmungen dieser Art als Konkretisierungen der Gemeinwohlvorstellungen eines bestimmten Gemeinwesens zu einem bestimmten historischen Zeitpunkt zu verstehen, als revidierbare Konkretisierungen, aber doch, solange sie gelten, als letzte normative Leitlinien politischen Handelns? Da, wo es Verfassungsgerichtsbarkeit gibt – und es gibt sie in immer mehr Demokratien –, werden Verfassungsgerichte dann zu Letztinstanzen der Gemeinwohlbestimmung. Darauf wird im zweiten Kapitel zurückzukommen sein.

13 Zur Präsenz des Gemeinwohlgedankens im deutschen Verfassungsrecht und in der deutschen Verfassungsrechtsprechung Grimm 2002; Hofmann 2002; Uerpmann 2002.

Der Rückzug vom abstrakt-umfassenden Gemeinwohl auf die verfassungsrechtlich fixierten Staatsziele konvergiert im Übrigen mit dem Gedanken, dass die Gemeinwohlidee an Plausibilität gewinne, wenn man vom Singular zum Plural wechselt – also nicht nach *dem* Gemeinwohl fragt, sondern eine Mehrzahl von Gemeinwohlbelangen zu bestimmen versucht.[14]

Die wichtigste Kontinuitätslinie aber war wohl die, dass im alltäglichen Reden der Politik, im alltäglichen Reden über die Politik das Gemeinwohl als normativer Bezugspunkt immer präsent geblieben ist. Dieses Reden impliziert ganz selbstverständlich Maßstäbe einer politischen Ethik, die zwischen partikularen Interessen und dem Wohl des ganzen Gemeinwesens unterscheidet. Für den *common sense* ergibt sich diese Unterscheidung offensichtlich ganz ohne Reflexion aus der Natur der Sache. Es ist die Unübersehbarkeit des Gemeinwohlschädlichen, die in einer Art von Gegenspiegelung die Idee des allgemeinen Wohls in sich trägt, wenn nicht abstrakt und generell, so doch konkret und situationsbezogen.

Die Wiederbelebung der Gemeinwohlidee in der politischen Theorie lässt sich am deutlichsten im kommunitaristischen Denken beobachten, das vom Ausgang des 20. Jahrhunderts an vor allem in den Vereinigten Staaten einflussreich wurde.[15] Individuen konstituieren die Gemeinschaft, das ist der Ausgangspunk des liberalen Gesellschaftsverständnisses. Der Kommunitarismus hält dem

14 Dazu Schuppert/Neidhardt 2002, S. 29ff.

15 Zum Kommunitarismus Zahlmann 1992; Avineri/de Shali 1992; Honneth 1993. Ein besonders entschiedenes Plädoyer für ein kommunitaristisches Verständnis des Gemeinwesens Etzioni 1995. Kritisch Kersting 1992; Kymlicka 1996, Kap. 6; Ladeur 2002.

entgegen, dass auch das Umgekehrte gilt: Gemeinschaften konstituieren das Individuum. Individuelle Identität, heißt das, bildet sich im Eingebunden-Sein in Gemeinschaften, in der Zugehörigkeit zu Gemeinschaften heraus; Gemeinschaften, in denen das ›Ich‹ teil hat an einem ›Wir‹, von der Familie bis zum Staat, mit ihren je eigenen Geschichten, kulturellen Prägungen, Verfasstheiten. Einfach gesagt: Der Mensch wird Mensch als Glied von Gemeinschaften. In Zugehörigkeiten entfaltet sich sinnvolles menschliches Leben.

Für den Prozess wechselseitiger Konstituierung von Individuum und Gemeinschaft aber ist die Idee des Gemeinwohls unverzichtbar. Denn die gemeinsame Verantwortung für das Wohl des Ganzen ist es, die Gemeinschaft stiftet. Sie macht den Kern der Zugehörigkeit zu einer Gemeinschaft aus. Daraus ergibt sich, dass das Wohl des Ganzen, das Wohl der Wir-Gemeinschaften, in denen der Einzelne sein Leben lebt, aus kommunitaristischer Sicht seinen eigenen Rang hat. Die Sorge für das gemeinsame Wohl muss auch diesen Gemeinschaften selbst und ihren Lebensbedingungen gelten, weil der Mensch sie braucht, um Mensch sein zu können. Bestimmen lässt sich das Wohl einer Gemeinschaft in diesem umfassenden Sinn, auch und gerade des politischen Gemeinwesens, freilich nicht abstrakt-universal, sondern nur konkret aus dem So-und-nicht-anders-Sein eben dieser Gemeinschaft.

Die Sympathien der kommunitaristischen Sozialphilosophie für die Idee des Gemeinwohls sind nur ein Beleg unter anderen für die Renaissance des Gemeinwohldenkens. Diese Renaissance begegnet uns nicht nur in einem unverbindlichen Diskurs von neuer Lebendigkeit. Sie begegnet uns auch in mutigen Versuchen, eine universal gültige Konzeption des Gemeinwohls auf neuen Wegen zu entwickeln und inhaltlich zu füllen.[16] Diese Versuche führen freilich zu sehr unterschiedlichen Ergebnissen. Das überrascht nicht, denn wir können ja nicht hinter die theoretische Einsicht zurück, dass es keine Bestimmung des Gemeinwohls mehr gibt, die sich zwingend als für jedermann gültig auszuweisen vermag. Und auch nicht hinter die praktische Erfahrung, dass über das Gemeinwohl in jedem freien Gemeinwesen endlos gestritten wird.

Bleibt also, mit oder ohne Renaissance, letztlich doch nur die Resignation, eine Resignation, die wer will auch als Befreiung von einer normativen Obsession interpretieren mag? Fragen wir zunächst: Brauchen wir die Denkfigur des Gemeinwohls überhaupt? Sind moderne Gesellschaften, falls die älteren es je waren, wirklich noch darauf angewiesen, sich über eine von allen geteilte Idee des Gemeinwohls zu integrieren? Genügt es nicht, über Staatsziele zu sprechen und nach allgemein akzeptierten Regeln zu entscheiden? Was ist gegen den juristischen Ausweg vorzubringen, die Verfassung mit ihren prozeduralen Regelungen und inhaltlichen Vorgaben als Normierung letzter Instanz gelten zu lassen, über die nicht hinausgefragt zu werden braucht? Oder gar: Ist es für eine Demokratie nicht ausreichend, empirisch zu ermitteln, was der Konsens der Bürger über die Aufgaben ihres Gemeinwesens zum Inhalt hat? In einem Wort: Lohnt sich die Mühe der Arbeit an dem schwierigen Gemeinwohlbegriff?

Unsere Antwort lautet: Die Denkfigur des Gemeinwohls ist unverzichtbar. Jede politische Ordnung, die nicht einfach ein für beliebige Zwecke nutzbares Instrument im Dienst der jeweils Mächtigen sein will, braucht eine ver-

16 Beispiele für solche Versuche Koller 2002; Ladwig 2002b; Welzel 2002.

bindliche Vorstellung von ihrer Bestimmung, einer Bestimmung, die auch gegen die Mächtigen geltend gemacht werden kann. Sie braucht eine Norm, an der politisches Handeln gemessen werden kann. Oder richtiger – denn der Begriff ›messen‹ suggeriert falsche Exaktheit –, eine normative Vorgabe, die es möglich macht, die aber auch dazu zwingt, über politisches Handeln kontinuierlich kritisch-kontrovers zu diskutieren. Diese Vorgabe kann in der modernen Welt freilich nur noch als regulative Idee gedacht werden.[17]

Was heißt das? Eine regulative Idee ist offen, aber nicht leer. Nur als offene, aber nicht leere Idee kann der Gemeinwohlgedanke unter den Bedingungen der Moderne Bedeutung behalten. Nur als regulative Idee ist der Gemeinwohlgedanke übrigens auch demokratiekompatibel – das wird uns später beschäftigen.[18] Offen heißt: Die regulative Idee des Gemeinwohls hat Orientierungsbedeutung, aber keinen Weisungscharakter. Sie ist Diskursimpuls und Diskursrahmen für eine nie abzuschließende öffentliche kritische Reflexion über das politische Handeln. Die Wirklichkeit kann sie nie einholen. Und so gewährleistet sie, dass die Regierenden sich stets einem Überhang an normativ begründeten Erwartungen gegenübersehen, wobei aber immer kontrovers bleibt, worin dieser Überhang genau besteht. Uneinholbar heißt übrigens auch: Kein Verfassungssatz kann die Funktion der regulativen Idee Gemeinwohl übernehmen, es sei denn, er wäre nichts anderes als die bloße Verschriftlichung dieser Idee.

17 Seit Fraenkel ([9]2011 passim) diesen Begriff in die Debatte eingeführt hat, ist er jedenfalls in der deutschen Gemeinwohldebatte dominant präsent.

18 Schuppert/Neidhardt 2002, S. 23 f. Inhaltsoffenheit sei »eine, wenn nicht die zentrale Funktionsbedingung des freiheitlichen Verfassungsstaates« (S. 24).

»Offen, aber nicht leer«: Die erste Bestimmung – ›offen‹ – lässt sich leichter fassen als die zweite. Was kann ›nicht leer‹ heißen, wenn es bei der Offenheit bleiben soll? Die regulative Idee des Gemeinwohls muss so viel normative Substanz haben, dass sie dem Gemeinwesen für jene beständige selbstkritische Reflexion Orientierung gibt. Orientierung gibt die regulative Idee Gemeinwohl einem Gemeinwesen nicht dadurch, dass sie dem politischen Handeln einen Obersatz vorgibt, aus dem präzise, eindeutige Instruktionen abgeleitet werden könnten, sondern dadurch, dass sie einen normativ konturierten, einen normativ gerahmten Diskursraum[19] umschreibt, in dem alles politische Handeln auf den Prüfstand gestellt werden kann. In der regulativen Idee des Gemeinwohls ist die Bereitschaft und Entschlossenheit eines Gemeinwesens zu Selbstreflexion und Selbstkritik gleichsam festgeschrieben. An dieser Debatte können in einem freien Gemeinwesen alle Bürger teilnehmen. Als regulative Idee gewährleistet der Gemeinwohlgedanke, dass die Debatte über die Frage, was im konkreten Fall das allgemeine Beste sei, offen geführt werden kann, aber auch, dass eben diese Debatte geführt werden muss.

Aber was ist die normative Substanz, die die regulative Idee bei aller Offenheit braucht, um regulativ wirken zu können? Und wie begründet sich ihre Verbindlichkeit? Wie kann sie sich gegen Schumpeters Einwand behaupten: »There is no such thing as a uniquely determined common good that all people could agree or be made to agree upon by the force of rational argument«.

Dem Begriff des ›Gemeinwohls‹ ist der Gedanke eingeschrieben, dass es um das Wohl des Ganzen gehe. Seit Aristoteles gibt es die Tradition, dieses Wohl des Ganzen,

19 Callies (2002, S. 176) spricht in einer ähnlichen Formulierung vom Gemeinwohl als einem »Argumentationsrahmen«.

des ganzen Gemeinwesens, zuerst und vor allem durch die Konfrontation mit seinem Gegenteil zu bestimmen. Aristoteles, davon war schon die Rede, macht seine Unterscheidung zwischen guten und schlechten Regierungsformen an der Frage fest, ob die Regierenden dem allgemeinen Wohl dienen oder ihren eigenen Nutzen verfolgen.[20] Die Gegenüberstellung von allgemeinem Wohl und eigenem Nutzen der Regierenden macht etwas Überraschendes sichtbar: Es mag sein, dass wir nicht mit Sicherheit sagen können, wie das Gemeinwohl beschaffen ist, das die Regierenden fördern sollen. Dennoch können wir sagen, wann sie es jedenfalls nicht fördern, sondern ihm schaden, dann nämlich, wenn sie allein auf ihr eigenes Interesse sehen. In dieser schlichten Gegenüberstellung liegt die handgreiflichste Evidenz dafür, dass wir allem theoretischen Zweifel zum Trotz so etwas wie ein Alltagsverständnis des Gemeinwohlschädlichen haben und uns seiner bedienen. Korruption, Missbrauch von Amtsbefugnissen für private Zwecke verurteilen wir als eigennütziges Verhalten eines gemeinwohlverpflichteten Amtsträgers. Wir setzen in diesem Urteil ganz selbstverständlich voraus, dass wir die dafür nötigen Unterscheidungen treffen können. Korruption aber ist nur einer der Fälle, in denen wir uns unseres Urteils über gemeinwohlschädliches Verhalten sicher sind – und dies zu Recht.

Die Gegenüberstellung von Gemeinnutz und Eigennutz der Regierenden ist freilich nur ein erster Schritt. Offenbar muss eine nächste Frage gestellt werden: Was ist das Ganze, um dessen Wohl es geht?

Mindestens zwei Antworten sind möglich. Die eine kann noch einmal auf Aristoteles zurückgreifen. Wenn Aristoteles vom allgemeinen Nutzen, dem Nutzen des Ganzen

20 Aristoteles: *Politik*, 3. Buch, 1279a.

spricht, um den es in allen gelungenen Verfassungsordnungen gehe, so meint er, und spricht es auch klar aus, den gemeinsamen Nutzen aller Bürger, einen Nutzen, an dem alle Bürger teilhaben.[21] Das Ganze ist also die Gemeinschaft der Bürger, von der er an anderer Stelle sagt, sie sei eine Vielheit, nicht eine Einheit.[22] Eine auf das Gemeinwohl gerichtete Politik ist eine Politik, die ernstlich das Wohl, die Belange aller Bürger in ihrer Vielheit und ihrer Vielfalt im Visier hat.

Die andere mögliche Antwort versteht das Ganze holistisch. Das Ganze, um dessen Wohl es geht, ist eine eigenständige Entität mit einem eigenen Daseinssinn. Es ist in diesem Verständnis um seiner selbst willen relevant.[23] Folgen wir hingegen der aristotelischen Spur, so ist das Ganze, wie immer wir es nennen – Staat, Nation, Gemeinwesen –, relevant nicht um seiner selbst willen, sondern weil und insoweit es Bedingung der Möglichkeit sinnvoller individueller, personaler Existenz ist.

Die Entscheidung für eine dieser beiden Optionen ist eine normative Setzung. Sie führt uns einen Schritt über jenen Weltwahrnehmungs- und Weltanschauungspluralismus hinaus, der für die Moderne konstitutiv ist. Ohne die-

21 Aristoteles: *Politik*, 3. Buch.

22 Ebd., 1282b.

23 Koller (2002, S. 65 ff.) verweist darauf, dass das Wohl des Ganzen – der Bestand, die Funktionsfähigkeit, die Zukunftsfähigkeit des Gemeinwesens – als eine nicht mehr einfach mit der Summe des Wohls der Individuen, die ihm angehören, gleichzusetzende Größe vor allem dann eigenständiges Gewicht gewinnt, wenn es um die Selbstbehauptung des Gemeinwesens im Wettstreit mit anderen geht. Aber auch dann gilt: Bestand, Funktionsfähigkeit, Zukunftsfähigkeit des Gemeinwesens sind um derer willen gemeinwohlbedeutsam, die gegenwärtig und zukünftig seine Bürger sind. Kommunitaristisches Denken bewegt sich changierend zwischen diesen beiden Auffassungen.

sen Schritt bleibt der Gemeinwohlgedanke tatsächlich leer, zu leer jedenfalls, um irgendeine Funktion erfüllen zu können. Wir werden den Schritt im zweiten Kapitel tun und begründen. Mit der Einführung des Demokratiegedankens wird dann die Entscheidung für die erste der beiden Optionen fallen. Die normativen Prämissen der neuzeitlichen Demokratie sind klar. Sie gründet sich, philosophisch gesprochen, auf den normativen Individualismus.

Bis zu diesem Punkt hat uns nur eine Funktion der Idee des Gemeinwohls beschäftigt, ihre erste und hauptsächliche: Sie nimmt die Regierenden in Pflicht. Der Gemeinwohldiskurs ist ein Diskurs über die Frage, was den Regierenden aufgegeben ist und ob sie ihre Aufgaben erfüllen. Von einer zweiten Funktion war andeutungsweise schon beim Blick auf die Geschichte die Rede. Wir müssen nun noch einmal genauer hinsehen. So wie die Gemeinwohlidee die Regierenden verpflichtet, hat sie auch das Potenzial, ihr Handeln zu legitimieren. Es sind die beiden Seiten einer Medaille. Aus der Verpflichtung auf das Gemeinwohl, der Verantwortung für das Gemeinwohl entspringt nicht formal, aber der Sache nach das Recht der regierenden Autoritäten, für das Gemeinwesen verbindlich zu entscheiden; konkret: die widerstreitenden partikularen Anschauungen, Interessen, Forderungen, soweit das möglich ist, in ein Programm politischen Handelns zu integrieren, das die Belange aller bedenkt und dabei jedes einzelne partikulare Interesse entweder einbindet oder in die Schranken weist. Je mehr Raum die gesellschaftlichen Partikularinteressen haben, um sich im politischen Prozess geltend zu machen, desto mehr ist der politische Prozess auf eine integrierende Autorität angewiesen, die den Konflikt der partikularen Kräfte in Entscheidungen überführt, die das Ganze im Blick haben. Ihre Gemeinwohlverpflichtung ist es, auf die sich diese Autorität dabei stützen kann. Sie muss diese Verpflichtung freilich, das versteht sich von selbst, ernst nehmen. Nur dann hat sie das Recht und die Chance, das legitimierende Potenzial der Gemeinwohlidee zu nutzen.

Genau hier wird übrigens sichtbar, dass es tatsächlich auf den Singular ankommt – *das* Gemeinwohl. Die Integrationsaufgabe der politischen Autoritäten eines Gemeinwesens besteht darin, die einander widerstreitenden Partikularismen in eine Programmatik einzubinden, die sich am Gemeinwohl orientiert. Das aber bedeutet vor allem, die unterschiedlichen Gemeinwohlbelange miteinander kompatibel zu machen, sie zu einer schlüssigen Politik zusammenzufügen. Die Rede von den Gemeinwohlbelangen mag zwar den Gemeinwohldiskurs erleichtern. Die Politik aber muss letztlich den Mut zum Singular haben. Die Gemeinwohlbelange konkurrieren ja grundsätzlich alle um die gleichen knappen Ressourcen – Aufmerksamkeit und Geld an erster Stelle. Damit, sie einzeln aufzuzählen – Sicherheit, Gesundheit, Bildung undsofort –, ist politisch gar nichts erreicht. Wie die verfügbaren Ressourcen verteilt und wie sie optimal eingesetzt werden, das ist die eigentliche politische Frage. Die damit bezeichnete Integrationsaufgabe aber ist im Singular ›das Gemeinwohl‹ gleichsam festgeschrieben. Er bringt zum Ausdruck, dass die konkreten Gemeinwohlziele und -aufgaben in ihrer Vielfalt aufeinander abgestimmt und zu einem Gemeinwohlprogramm zusammengefügt werden müssen. Mag auch jedes ausformulierte Gemeinwohlprogramm jedenfalls in einer offenen Gesellschaft jederzeit zur Diskussion stehen – eben das besagt ja unsere Formel von der Gemeinwohlsuche in einem normativ umgrenzten Diskursraum –, die Politik muss Entscheidungen treffen, immer wieder. Und diese Entscheidungsarbeit muss im letzten Entscheidungsschritt den Singular – *das* Gemeinwohl – ernst nehmen.

2. Kapitel.
Gemeinwohl und Demokratie – über die Verknüpfung zweier Ideen.

Die Überlegungen des ersten Kapitels lassen sich so zusammenfassen: Die Idee des Gemeinwohls ist unverzichtbar. Und: Es ist möglich, ihr eine zeitgemäße Fassung zu geben. Wenn das zutrifft, muss die nächste Frage lauten: Wie könnte eine demokratiegemäße Gemeinwohlkonzeption aussehen? Ihr wollen wir in diesem Kapitel nachgehen.

Auch das Nachdenken über das Verhältnis von Demokratie und Gemeinwohl ist grundsätzlich dem Verlaufsmuster gefolgt, das wir im ersten Kapitel für den Gemeinwohldiskurs im Allgemeinen nachgezeichnet haben: selbstverständliche Geltung der Gemeinwohlidee bis ins 19. Jahrhundert; Verblassen der Gemeinwohlidee vom 19. Jahrhundert an bis hin zu ihrer vollständigen Verwerfung; vorsichtige Versuche der Wiederbelebung in den letzten Jahrzehnten. Aber dieses Nachdenken weist doch seine Besonderheiten auf, die uns beschäftigen müssen.

Wir gehen ins späte 18. Jahrhundert zurück, zu den revolutionären Umbrüchen, mit denen die Geschichte der modernen Demokratie beginnt. Zwei Texte dieser Zeit haben paradigmatische Bedeutung für unser Thema. Der eine führt wider Willen vor, dass der Versuch, eine Verfassung der Freiheit auf absolute Gemeinwohlgewissheit zu gründen, in eine Sackgasse führt. Der andere tut mit der Anerkennung der konstitutiven Bedeutung von Vielfalt und Konflikt für jede freie Gesellschaft einen wichtigen Schritt in die Zukunft, auch wenn er der Tradition der Gemeinwohlgewissheit immer noch seinen Respekt bezeugt. Von diesen beiden Texten her lässt sich die moderne

Diskussion über ein demokratiegemäßes Gemeinwohlverständnis erschließen.

Die Rede ist von Rousseaus *Contrat social*[1] auf der einen und den *Federalist Papers*[2], die in die Gründungsgeschichte der USA gehören, auf der anderen Seite. Als Rousseau seinen *Contrat social* schrieb – er erschien 1762, ein Menschenalter vor der Französischen Revolution –, war das *ancien régime* noch unerschüttert. Oder es erschien doch so. Rousseau hatte keinen praktischen Zweck vor Augen. Er entwarf sein Idealbild einer Republik als Kritiker des zivilisatorischen Fortschritts, ohne große Zukunftshoffnungen und ganz gewiss nicht in der Erwartung einer Revolution. Er wollte den politischen Ordnungen seiner Zeit den Spiegel ihrer Illegitimität vorhalten. Auch der berühmte orakelhafte Hinweis auf die Insel Korsika – ein Land gebe es noch in Europa, in dem die Gründung einer Republik denkbar sei, die Insel Korsika[3] – ist ja nichts anderes als ein vernichtendes Verdikt über Europa im Ganzen, das aufgeklärte, zivilisierte Europa des 18. Jahrhunderts mit seiner monarchisch-absolutistischen Staatenwelt. Dass Rousseau dann doch der Kultautor jedenfalls der jakobinischen Phase der Französischen Revolution geworden ist, steht auf einem anderen Blatt.

Die Autoren der *Federalist Papers* schrieben ein Vierteljahrhundert später, als Mitwirkende an dem großen Werk der Gründung der Vereinigten Staaten von Amerika, die freilich nach ihrer Vorstellung etwas anderes als eine beliebige Staatengründung war, nämlich ein Menschheitsexperiment. Aber dieses Menschheitsexperiment war ein sehr konkretes politisches Geschäft. Es ging den drei Au-

1 Im Folgenden zitiert als CS.
2 Im Folgenden zitiert als FP.
3 CS II/10.

toren Hamilton, Madison und Jay nicht darum, ein ideales Modell politischer Ordnung in die staatsphilosophischen Diskurse einzubringen, sondern darum, die Wähler im Staat New York von den Vorzügen des vom Konvent von Philadelphia vorgelegten, jetzt zur Ratifizierung durch die 13 Gründerstaaten anstehenden Verfassungsentwurfs zu überzeugen. Man muss diesen Unterschied vor Augen haben, wenn man die beiden Texte einander gegenübergestellt.

Rousseaus Bedeutung liegt für uns darin, dass er Gemeinwohl und Republik – Demokratie ist in seiner Terminologie nur eine utopische Variante der Republik – in die denkbar eindeutigste Beziehung zueinander setzt. Sein Modell einer Republik ist auf die Gewissheit gegründet, dass es eine eindeutige, für jedermann einsichtige Antwort auf die Frage nach dem Gemeinwohl gibt. Ohne die Prämisse der Gemeinwohlgewissheit gibt es keine Republik. Und ohne Republik keine verlässlich gemeinwohlorientierte Politik. Wie erklärt sich diese zwingende Verknüpfung?

Rousseaus Begriff des Gemeinwohls ergibt sich aus seinem Verständnis des Gesellschaftsvertrages. Aus dem Zusammenschluss derer, die sich auf den Gesellschaftsvertrag einlassen, entsteht ein ›gemeines Wesen‹ im wörtlichen Sinn, »un corps moral et collectif«.[4] Rousseau versteht dieses Gemeinwesen als das ›gemeinsame Ich‹ der Bürger. Das Wohl dieses gemeinsamen Ichs ist das Gemeinwohl. Und es ist im Prinzip genauso eindeutig zu bestimmen wie das Wohl eines jeden individuellen Ichs.[5] Es gebe, so Rousseau, notwendig einen Punkt, in dem alle Interessen übereinstimmten. Aus diesem gemeinsamen Interesse her-

4 CS I/6.
5 CS II/1.

aus müsse die Gesellschaft regiert werden. Es sei einfach zu erkennen. Man brauche nur gesunden Menschenverstand, um es wahrzunehmen.[6]

Aber wie geschieht es, dass die Bürger, jeder in seiner Individualität, das allgemeine Beste nicht nur erkennen, sondern auch wollen? Rousseaus Antwort: Der Gesellschaftsvertrag, der das gemeinsame Ich hervorbringt, verwandelt damit auch jeden Einzelnen.[7] Es ist nicht übertrieben, diese Wandlung als eine Art von zweiter Menschwerdung zu verstehen. Der Mensch wird zum Bürger. Als Bürger ist er befähigt und berufen, sich das allgemeine Wohl zur Aufgabe zu machen. Oder, um es mit Rousseaus Begriff zu formulieren, sich die *volonté générale*, den Willen, der sich auf das allgemeine Wohl richtet – eben diese Ausrichtung definiert ihn –, zu eigen zu machen. Dadurch, dass er den allgemeinen Willen zu seinem eigenen macht, wird er frei. Denn er gehorcht dann nur Gesetzen, die er sich selbst gegeben hat. Damit ist die Aufgabe gelöst, die Rousseau sich am Anfang des *Contrat social* gestellt hat: eine Verfassungsform zu finden, in der der Mensch zugleich Mitglied eines Gemeinwesens ist und doch nur sich selbst gehorcht, also frei bleibt. Gelöst jedenfalls für Rousseau.

Freilich ist Rousseau kein Phantast. Er weiß, dass auch im Bürger immer noch der Mensch mit seinem auf den eigenen Vorteil gerichteten Willen fortlebt. Das gefährdet die Republik. Und so ist Rousseau in einem guten Teil des *Contrat social* damit beschäftigt, Bedingungen zu beschreiben, die die Vorherrschaft des Gemeinwillens allen Gefährdungen zum Trotz zu stützen und zu sichern geeignet sind. ›Tugend‹ ist die Chiffre Rousseaus für die Bereitschaft des Bürgers, den allgemeinen Willen zu seinem

6 CS IV/1.
7 CS I/8.

eigenen zu machen. Damit reiht Rousseau sich, freilich auf seine, sehr besondere Weise, in jene alte Tradition republikanischen Denkens ein, die Bürgertugend immer schon zur unabdingbaren Voraussetzung republikanischer Regierungsweise erhoben hatte. In Montesquieus berühmter Maxime – Rousseau bezieht sich ausdrücklich auf sie, ohne Montesquieu mit Namen zu nennen –, Tugend sei »das Prinzip der Demokratie«, hatte diese Tradition ihre kanonische Fassung erhalten.[8]

Bürgertugend wurzelt für Rousseau in einer ganz bestimmten, einfachen Lebensweise – er spricht von Sitten – und in ganz bestimmten gesellschaftlichen Gegebenheiten: Kleinräumigkeit, Überschaubarkeit der Verhältnisse, Geringfügigkeit der Vermögensunterschiede. Rousseaus Republik, heißt das, ist als politische Ordnung einer in hohem Maße homogenen und egalitären, dazu ländlichen und bescheidenen Gesellschaft konzipiert. Sie ist mithin eine sehr voraussetzungsreiche Konstruktion.

Dass Rousseau die Möglichkeit der Gründung und Erhaltung einer Republik, die diesen Namen verdient, skeptisch einschätzt, klingt im *Contrat social* immer wieder durch.

Gleichwohl bleibt er für unser Thema ein Schlüsselautor. Kein anderer Denker hat Demokratie und Gemeinwohlgewissheit so untrennbar aufeinander bezogen wie er. Ohne Gemeinwohlgewissheit gibt es keine Republik, weil es ohne Gewissheit über das Gemeinwohl keinen allgemeinen Willen geben kann. Und: Nur in der Republik lässt sich das Gemeinwohl verwirklichen, weil jeder andere

8 CS III/4. Genau genommen erklärt Montesquieu die Tugend zum Prinzip beider Ausprägungen dessen, was er Republik nennt, der Demokratie und der Aristokratie. Aber die Demokratie bedarf ihrer in höherem Maße als die Aristokratie. Montesquieu: *Vom Geist der Gesetze*, III, Kap. 3 und 4.

Souverän als das Volk sich den Gemeinwillen allenfalls zufällig zu eigen macht.

Die Autoren der *Federalist Papers* hatten anders als Rousseau ein klares politisches Ziel vor Augen, das ihnen eine ganz bestimmte historische Konstellation vorgab. Sie schrieben, um – so sahen sie es – nach einem gescheiterten konföderalen Experiment eine schwankende Wählerschaft für einen zweiten Versuch, für eine neue Verfassung zu gewinnen, durch die die Konföderation zum Bundesstaat umgeschaffen werden sollte. Dass dabei nicht von einer erdachten, sondern von einer wirklichen Gesellschaft auszugehen war, eben jener, die sich in den 13 nordamerikanischen Kolonien entwickelt hatte, verstand sich für sie von selbst. In jeder Gesellschaft, so auch in dieser, treffen eine Vielzahl unterschiedlicher, ja gegensätzlicher Interessen und Anschauungen aufeinander, dies ist der Ausgangspunkt der Argumentation. Das folgt schon aus der Natur des Menschen, dann aber auch aus der für jede höher entwickelte Gesellschaft konstitutiven Arbeitsteilung. Die Unterschiedlichkeit und Gegensätzlichkeit der Interessen ergibt sich, so Madison in der berühmten Nr. 10, vor allem aus der ungleichen Verteilung des Eigentums, die er in der Hauptsache auf die ungleich verteilten Fähigkeiten der Menschen zurückführt.

Die in der menschlichen Natur wurzelnde und deshalb in jeder Gesellschaft gegebene Vielfalt der Interessen und der Anschauungen bedeutet nun aber nicht, dass für die Autoren der *Federalist Papers* die Idee des Gemeinwohls hinfällig würde. Sie halten an ihr mit einer erstaunlichen Selbstverständlichkeit fest. Insofern ordnen auch sie sich noch in die Tradition des politischen Denkens ein, die auf der Prämisse der Gemeinwohlgewissheit aufruht. Begrifflich wird das Gemeinwohl vielfältig gefasst, als *public good* vor allem, als *public interest*, als *permanent and aggregate interest of the community*, auch in anderen Formulierungen. Aber gerade in dieser begrifflichen Unbestimmtheit wird sichtbar, dass das Gemeinwohl sich den Autoren der *Federalist Papers*, darin Rousseau ähnlich, als etwas nicht weiter Erklärungsbedürftiges, weil jedermann Einsichtiges darstellt.[9]

Wie aber wird es möglich, dass Politik sich in einer Gesellschaft vielfältiger Interessen und Anschauungen am Gemeinwohlziel ausrichtet? Die *Federalist Papers* geben zwei miteinander verknüpfte Antworten auf diese Frage. Die erste lautet: durch Repräsentation. Die Republik, so die Terminologie der *Federalist Papers*, unterscheide sich von der Demokratie, der direkten Volksherrschaft, dadurch, dass sie repräsentativ verfasst sei. Das Volk vertraut durch Wahlen die gesetzgebende Gewalt einer Körperschaft an, die Madison so charakterisiert: »a chosen body of citizens, whose wisdom may best discern the true interest of their country and whose patriotism and love of justice will be least likely to sacrifice it to temporary or partial considerations«.[10] Es sind die überlegene Klugheit, der Patriotismus und der Gerechtigkeitssinn der gewählten Volksvertreter, die aus der Vielfalt der einander widerstreitenden Interessen das Gemeinwohl gleichsam herauszudestillieren haben und, so die Erwartung Madisons, herausdestillieren werden. Die Hoffnung richtet sich also auf so etwas wie eine gemeinwohlbewusste republikanische Aristokratie, die aus Wahlen hervorgeht. Diese Hoffnung begegnet uns nicht nur hier.

9 Zur Bedeutung der republikanischen im Unterschied zu der auf Locke zurückgehenden liberalen Tradition für die Gründungsdebatten Pocock 1975. Die Idee des Gemeinwohls hat vor allem in der republikanischen Tradition einen hohen Rang.

10 FP Nr. 10.

Die zweite Antwort auf die Frage, wie in einer Gesellschaft der Vielfalt und Widersprüchlichkeit das Gemeinwohl zur Richtschnur der Politik werden könne, überrascht: Die Vielfalt, die das Problem darstellt, birgt auch die Lösung, zumindest einen Teil der Lösung. Vielfalt, so argumentiert Madison, erschwert die Bildung politisch handlungsfähiger Mehrheiten.[11] Damit aber reduziert sie die Gefahr des Machtmissbrauchs durch die Mehrheit, die in einer Republik die größte Gefahr für das Gemeinwohl darstellt. Man kann diesen Gedanken auch herausfordernder formulieren: Die Vetomacht vieler Minderheiten in einer pluralistischen Gesellschaft trägt wesentlich zur Gemeinwohlorientierung der Politik bei. Für die Verwirklichung des Gemeinwohls ist nämlich nicht nur wichtig, dass gemeinwohlförderliche Entscheidungen getroffen werden; es ist ebenso wichtig, dass gemeinwohlschädliche Entscheidungen verhindert werden.

Spätestens hier tritt die Besonderheit des Gemeinwohlverständnisses der *Federalist Papers* zutage. Es kreist vor allem um die Frage, wie Minderheiten gegen den Missbrauch der Entscheidungsmacht, die die Spielregeln der Republik der Mehrheit zuweisen, geschützt werden können. *Public good* und ›Schutz von Minderheitsrechten‹ stehen durchgehend nebeneinander, ohne dass das eine zum anderen klar in Beziehung gesetzt würde. Der Eindruck drängt sich dem Leser auf, dass für die *Federalist Papers* da, wo die Mehrheitsregel gilt, der – wesentlich institutionell zu gewährleistende – Schutz der legitimen Interessen von Minderheiten die zentrale Gemeinwohlaufgabe sei. Dabei machen die Autoren keinen Hehl daraus, dass sie vor al-

11 Madison hat diesen Gedanken von David Hume übernommen, der ihn in seinem Essay »Idea of a Perfect Commonwealth« entwickelt (Hume 1987, S. 527 f.).

lem die Interessen derer, die etwas besitzen, für gefährdet halten. Ihr Gemeinwohlverständnis hat, das ist unübersehbar, eine Schlagseite. Die Furcht, das allgemeine gleiche Wahlrecht werde zu einer Ausplünderung der Besitzenden führen, lässt sich durch das ganze 19. Jahrhundert hindurch weiterverfolgen.

Die Entwicklung der modernen Demokratie ist weder theoretisch noch praktisch Rousseau gefolgt. Sie konnte es nicht. Die *Federalist Papers* hingegen bieten durchaus Anknüpfungspunkte für ein der modernen Wirklichkeit gegenüber offenes Nachdenken über das Verhältnis von Demokratie und Gemeinwohl. Aber auch sie lassen sich auf die moderne Gemeinwohlungewissheit noch nicht wirklich ein.

Rousseau verfängt sich in der Logik seiner eigenen Argumentation. Weil er das Volk als ein kollektives Ich begreift, kann er zu dem Schluss kommen, dass sich dieses kollektive Ich nicht selbst schaden könne, also immer das Gemeinwohl verwirkliche. Seine Vorstellung von einem vorgegebenen Gemeinwohl, das alle Bürger mit gesundem Menschenverstand erkennen und auf das alle Bürger guten Willens sich verständigen können, ignoriert die unhintergehbare Pluralität der Weltanschauungen, Weltwahrnehmungen und Interessenlagen, die für eine moderne Gesellschaft konstitutiv ist. Rousseau bindet diese Vorstellung, wie wir gesehen haben, denn auch konsequenterweise an das Modell einer Gesellschaft, die in ihrer Überschaubarkeit, Einfachheit und Undifferenziertheit nicht in die Zukunft voraus, sondern in eine imaginäre Vergangenheit zurück weist. Die Demokratie der Neuzeit hat sich in jeder Hinsicht in die entgegengesetzte Richtung entwickelt. Sie musste sich in die entgegengesetzte Richtung entwickeln, denn Freiheit und Gleichheit konnten in ihrem komplexen Zusammenwirken nur eine Gesellschaft vielfältigster Differenzen hervorbringen.

Die *Federalist Papers* sind demgegenüber modern, insoweit sie die gegebene Vielfalt der miteinander konkurrierenden Interessen zum Ausgangspunkt ihrer Argumentation machen. Traditionsgebunden bleiben sie in der Selbstverständlichkeit, mit der sie an der Idee des Gemeinwohls als Maßstab für die Politik festhalten. Sie sind undeutlich im Umgang mit der Frage, wie das eine zum anderen passt. Deutlich sind sie in ihrer Parteinahme für die Besitzenden, deren legitime Interessen sie durch das demokratische Mehrheitsprinzip gefährdet sehen. Ein kritischer Betrachter könnte hier schon vorbringen, was später dann zu einem Schlüsselargument des Angriffs auf Begriff und Idee des Gemeinwohls wurde: Der Gemeinwohltopos diene doch nur der Verschleierung partikularer Interessen.

In knappster Form lässt sich der Kontrast zwischen den beiden Texten, die uns als Ausgangspunkt für unsere Überlegungen dienen, in diese Stichworte fassen: hier Anerkennung der modernen Gesellschaft der Differenz, dort ihre Verwerfung; hier die Repräsentativverfassung, aufgeladen mit einem für uns erstaunlichen Vertrauen in die Gemeinwohlorientierung einer politischen Elite, dort die Versammlungsdemokratie; daraus folgend: hier die Fokussierung der Tugenderwartung auf die Repräsentanten, dort Tugenderwartungen, die sich auf alle Bürger richten, weil alle Bürger Gesetzgeber sind. Was beide Texte miteinander verbindet: Der beunruhigende Schritt in die moderne Gemeinwohlungewissheit wird nicht getan. Rousseau bewegt sich mit Entschiedenheit in die Gegenrichtung, die *Federalist Papers* machen vor der roten Linie halt.

Den Fortgang der Debatten über das Thema Demokratie und Gemeinwohl durch das 19. und das 20. Jahrhundert können wir hier nicht verfolgen. Das ist auch nicht nötig. Für unsere Zwecke genügt es, ihre Haupttendenz zu benennen, eine Tendenz, die im Übrigen nicht nur die demokratietheoretischen Debatten, sondern auch die demokratische Praxis in hohem Maß bestimmt hat. Vor dem Hintergrund der langen, ehrwürdigen Tradition der Gemeinwohlgewissheit ist sie am prägnantesten als fortschreitende Anerkennung der Legitimität des partikularen Interesses zu beschreiben.

Das Interesse rückt ins Zentrum des demokratischen Politikprozesses. Albert Hirschman hat darauf aufmerksam gemacht, dass damit ein ökonomisches Paradigma an die Stelle eines politischen tritt, wie es die republikanische Tradition bestimmte.[12] Bürgerfreiheit ist die Freiheit des Bürgers, seine Interessen im politischen Raum zu verfolgen. Sie gilt für alle Bürger, das macht die Demokratie aus. Alle sind gleichermaßen mit Rechten ausgestattet, die sie zur Geltendmachung ihrer Interessen befähigen sollen. Demokratie stellt sich mithin als für alle Bürger offener, regulierter Interessenkonflikt dar, der nach Regeln entschieden wird, die jedenfalls in letzter Instanz die Gleichheit der Bürger im Entscheidungsprozess gewährleisten.

Man kann den Bruch mit der Tradition, der sich hier vollzieht, auch so beschreiben: Die Tradition hat das Gemeinwohl von den Pflichten der Regierenden her gedacht. Die neuen Regierenden, die Bürger in ihrer Gesamtheit, werden über ihre Rechte definiert. Das muss zu Spannungen zwischen dem Selbstverständnis der Demokratie und der Idee des Gemeinwohls führen.

Der Triumph des Partikularen ist wohl am ehesten als im modernen Freiheitsverständnis angelegt zu begreifen, einem Freiheitsverständnis, das, in radikaler Umkehrung

12 Hirschman 1987; Fischer 2002.

der Rousseau'schen Auffassung von Freiheit, den Einzelnen auf sich selbst, auf das Eigene verweist. Diesem Freiheitsverständnis folgend – man mag es liberal nennen –, wird die moderne Demokratie zur Verfassungsform des regulierten Egoismus; wobei reguliert heißt: Alle Egoismen sind innerhalb eines Regelwerks, das sie kompatibel machen soll, prinzipiell gleichberechtigt.

So nackt und hart ist das in der demokratietheoretischen Diskussion nicht oft ausgesprochen worden. Es gibt Versuche, explizit oder versteckt, mindestens eine Art von Kontakt zur Gemeinwohlidee zu halten. Auf einige von ihnen wollen wir wenigstens einen Blick werfen. Am Anfang, in den klassischen Texten des Liberalismus, bei Mandeville und Adam Smith etwa,[13] hatte der Versuch gestanden, Eigennutz und Gemeinwohl, die bis dahin immer als strikte Gegensätze verstanden worden waren, in einem revolutionären Akt der Umdeutung als einander harmonisch zugeordnet zu begreifen: Wenn jeder regelgebunden seinen Interessen nachgehe, leiste er eben dadurch einen Beitrag zum allgemeinen Wohl. Es ist der Markt, der dieses Wunder, wenn man es denn so nennen will, vollbringt.

Aber selbst wenn man diesen Harmonisierungsversuch für die Sphäre der Ökonomie gelten lässt, auf die Demokratie als politische Ordnung ist er nicht einfach zu übertragen. In der Politik geht es ja nicht um Tauschbeziehungen, durch die mindestens theoretisch die Interessen aller, die Tauschgüter anzubieten haben, befriedigt werden können. Es geht um allgemein verbindliche Entscheidungen, die so gut wie nie einstimmig getroffen werden, in denen sich folglich regelmäßig bestimmte Interessen gegen andere durchset-

13 Zu Bernard Mandeville Hundert 1994; Waas 1996; zu Adam Smith Muller 1992.

zen. Dafür ist aber jeder im Entscheidungsprozess mit einer Stimme ausgestattet, während auf dem Markt keineswegs sichergestellt ist, dass jeder über Tauschgüter verfügt.

Dieser fundamentale Unterschied hat die Demokratietheorie nicht von dem Versuch abgehalten, mithilfe einer Art von Marktmodell der Politik eine Brücke vom partikularen Interesse zum allgemeinen Wohl zu schlagen. Es ist vor allem die pluralistische Theorie der Demokratie, für die das gilt. Sie deutet den demokratischen Prozess so: In jedem Gemeinwesen, das Freiheit der Artikulation und der Organisation gewährleistet, treffen notwendig eine Vielzahl von Interessen, die sich handlungsfähig gemacht haben, aufeinander. Politische Entscheidungen sind die Resultante ihres Einwirkens auf den politischen Entscheidungsprozess. Je größer die Zahl und die Vielfalt der politisch tätigen organisierten Interessen, desto mehr nähert sich diese Resultante, das politische Ergebnis des Interessenkonfliktes, einem Optimum an, das man das Gemeinwohl nennen kann.

Aber ist die *invisible hand* des Marktes tatsächlich auch im pluralistischen Politikprozess wirksam? Dass diese Erwartung auf tönernen Füßen steht, ist der Pluralismustheorie alsbald nachdrücklich entgegengehalten worden. Die verschiedenen organisierten Interessen werfen sehr unterschiedliche Gewichte in die Waagschale der Politik. Viele Interessen sind nicht organisiert, viele kaum organisierbar. Bei Weitem nicht alle Belange, die Beachtung verdienen, lassen sich überhaupt als Interessen bestimmter Gruppen verstehen. So ist etwa die von den Entscheidungen der Gegenwart vielfältig betroffene Zukunft im pluralistischen Politikprozess chronisch nur schwach präsent. Und woher kommt der normative Maßstab, an dem wir die Kompromisse, auf die es im Politikprozess schließlich hinausläuft, messen?

Es ist offensichtlich, dass die Hoffnung, der pluralistische Politikprozess gewährleiste als solcher Gemeinwohlresultate, sich nicht aufrechterhalten lässt. Die Gemeinwohlidee hätte keinerlei normative Kontur mehr. Sie wäre leer und damit überflüssig. Der einflussreichste Protagonist der pluralistischen Demokratietheorie in Deutschland, Ernst Fraenkel, hat denn auch unermüdlich versucht, in ihr Argumentationsgebäude einige normative Stützpfeiler einzuziehen.[14] Er hält für seine Konzeption der pluralistischen Demokratie entschieden an Begriff und Idee eines normativ selbstständigen Gemeinwohls fest, will sagen: Er setzt das Gemeinwohl nicht einfach mit dem Ergebnis des Wettkampfes der Interessen gleich. Aber er steht damit natürlich vor der Aufgabe zu sagen, was es denn dann sei.

Fraenkel unterscheidet zwischen zwei gegensätzlichen Gemeinwohlverständnissen, denen er die Etiketten ›Gemeinwohl a priori‹ und ›Gemeinwohl a posteriori‹ gibt.[15] Diese Unterscheidung ist aufs Engste verknüpft mit einem auffallenden Charakteristikum der Demokratietheorie Fraenkels: Er entwickelt sein Modell der pluralistischen Demokratie als Gegenentwurf zu den Totalitarismen seiner Zeit. Totalitäre Systeme legitimieren sich durch die Berufung auf ein Gemeinwohl a priori. Es ist vorgegeben, es lässt sich erkennen, es wird durch die herrschende Partei als Vollstreckerin des vorgegebenen Gemeinwohlauftrages verwirklicht – koste es, was es wolle, wie man zur Kennzeichnung totalitärer Herrschaft hinzufügen muss.

In Demokratien hingegen bildet sich die Antwort auf die Frage, was das Gemeinwohl sei, erst im politischen Prozess, eben a posteriori, heraus. Was diesen Prozess angeht, so

14 Fraenkels einschlägige Aufsätze sind versammelt in Fraenkel 2007.

15 Grundlegend der Aufsatz »Der Pluralismus als Strukturelement der freiheitlich-rechtsstaatlichen Demokratie« in: Fraenkel 2007.

folgt Fraenkel in seiner Beschreibung dem vertrauten pluralistischen Argumentationsmuster: Vielfältige Interessen – die organisierten Interessen spielen in seiner pluralistischen Demokratie eine größere Rolle als die Parteien – wirken miteinander konkurrierend auf den politischen Entscheidungsprozess ein, der in einen Interessenkompromiss einmündet. Aber diesem Kompromiss schreibt Fraenkel nicht automatisch Gemeinwohlqualität zu. Vielmehr hängt es an ganz bestimmten Voraussetzungen, ob die Ergebnisse des pluralistischen Politikprozesses tatsächlich als Gemeinwohl a posteriori qualifiziert werden können. Fraenkel hat diese Voraussetzungen immer wieder zu benennen versucht und doch nie befriedigend benennen können.

Er verweist zum einen auf Verfahrensregeln, die einen geordneten, fairen, das heißt auf einen vernünftigen Ausgleich angelegten Wettbewerb gewährleisten. Er denkt dabei sowohl an die von Verfassung und Gesetz vorgegebenen Regeln für den politischen Prozess als auch an »gesellschaftlich sanktionierte Spielregeln eines fair play«. Das ist nachvollziehbar. Er sucht aber auch nach Maßstäben für die inhaltliche Bewertung dessen, was der pluralistische Politikprozess hervorbringt. Die jedoch bleiben denkbar unbestimmt – Fraenkel bringt das Naturrecht ins Spiel, spricht von Gerechtigkeit und Billigkeit, verweist auf generell akzeptierte regulative Ideen sozialen Verhaltens oder auf Mindestanforderungen einer gerechten sozialen Ordnung – und werden vor allem ohne Begründung einfach postuliert. Ohne Begründung heißt nicht zuletzt: Die inhaltlichen Bestimmungen des Gemeinwohls, die hier in vagen Andeutungen auftauchen, werden in keiner Weise mit der grundlegenden Prämisse seines ganzen Theoriegebäudes konfrontiert, dass die moderne Demokratie die politische Verfassung einer pluralistischen Gesellschaft sei – pluralistisch nicht nur, was die Vielzahl der Interessen, sondern auch, was die Vielfalt der Weltanschauungen angeht. Über das, was gerecht sei, ist man sich in einer solchen Gesellschaft eben gerade nicht einig.

Bei aller Vagheit dessen, was zur normativen Substanz des Gemeinwohls a posteriori gesagt wird, so viel ist eindeutig: Auch das Gemeinwohl a posteriori kommt nicht ohne apriorische Setzungen aus – Fraenkel muss seine eigene Leitunterscheidung stillschweigend relativieren. Zudem fließen normative und deskriptive Gemeinwohlkriterien ineinander. Wenn im Zusammenhang mit dem Gemeinwohl vom *consensus omnium* oder von einem generell akzeptierten Wertekodex die Rede ist, so sind das eindeutig beschreibende Qualifikationen. Dass Fraenkel gelegentlich der repräsentativen Demokratie pauschal ein Gemeinwohlverständnis a priori zuordnet, das er doch eigentlich als der Demokratie unangemessen verworfen hat, erhöht die Verwirrung.

Das Fazit: Auch der aufwendige Versuch Fraenkels ist keine überzeugende Antwort auf die Frage, ob überhaupt und wenn ja wie die Idee des Gemeinwohls demokratiekompatibel gedacht werden kann.[16] Ist es also, um die schon im ersten Kapitel aufgeworfene Frage leicht modifiziert ein zweites Mal zu stellen, nicht ein Gebot der intellektuellen Redlichkeit zu akzeptieren, dass die Kategorie Gemeinwohl für die Theorie und die Praxis der modernen Demokratie ihre Bedeutung verloren hat? Hans Kelsen hat das so gesehen. Im letzten Kapitel seiner Schrift *Vom Wesen und Wert der Demokratie*, »Demokratie und Weltanschauung« überschrieben, begründet er das für die Demokratie konstitutive Mehrheitsprinzip so: Es gebe im Blick auf Werte keine Wahrheitsgewissheit, deshalb könne nur die

16 So auch Buchstein 2002.

Mehrheit politischen Entscheidungen die Qualität der Allgemeinverbindlichkeit verleihen.[17] Demokratie setzt nach dieser Auffassung den Relativismus voraus, sie antwortet mit ihren Entscheidungsregeln auf ihn. Gustav Radbruch hat ganz ähnlich argumentiert. Er hat der Demokratie einen prinzipiellen Relativismus als die ihr angemessene Weltanschauung zugeordnet.[18] Demokratie, heißt das, ist für alle Wahrheiten offen, sie kann keine mehr für verbindlich erklären. Schumpeters weniger grundsätzliches, aber nicht weniger entschiedenes Verdikt haben wir im ersten Kapitel kennengelernt. Diese Voten stehen exemplarisch für die Überzeugung, dass der unhintergehbare Weltanschauungs- und Weltwahrnehmungspluralismus moderner Gesellschaften, den Demokratien ganz ernst nehmen müssen, den von der Gemeinwohlidee vorausgesetzten normativen Konsens nicht mehr zulässt. Moderne Gesellschaften, wäre dann zu folgern, können sich allenfalls noch über die Regeln, nach denen sie ihre Dissense entscheiden, verständigen, nicht mehr über inhaltliche normative Vorgaben, an denen sie ihr politisches Handeln prinzipiell ausrichten, jedenfalls nicht in einem substanziellen Sinn.

Die Schwierigkeiten, die moderne Gesellschaften im Allgemeinen und Demokratien im Besonderen mit der Kategorie Gemeinwohl haben, sind – das ist offensichtlich

17 Kelsen 1981.

18 Radbruch 1957. Der weltanschauliche Pluralismus hat die Demokratie als die ihm gemäße Verfassungsform zur Konsequenz. Und umgekehrt: Die Demokratie muss alle Meinungen gelten lassen. Sie kann aus logischen Gründen und darf aus politischen Gründen, so Radbruch, diese Offenheit aber nicht an eine Macht preisgeben, die sich absolut setzt. Hinter dieser Einschränkung steht natürlich die Erfahrung des Jahres 1933, die Kelsen in den zwanziger Jahren noch fehlte.

– nicht kleinzureden. Selbst jene allgemeinsten Werte, die nahezu alle Versuche einer Gemeinwohlbestimmung nennen, sind nicht unumstritten, jedenfalls von dem Augenblick an nicht, in denen man ihnen einen Inhalt zu geben versucht. Auch der Frieden ist ein umstrittenes Gemeinwohlziel. Es gibt die Überzeugung, dass Konflikt und Kampf die konstitutiven Prinzipien des Lebens seien und dass sie als solche anerkannt werden sollten. Ähnliches gilt für das Gemeinwohlziel Sicherheit. Und dem Gemeinwohlziel Gerechtigkeit ist der Streit darüber, was gerecht sei, von vorneherein eingeschrieben. Gerade an diesem Beispiel zeigt sich, dass allgemeiner Beifall für einen normativen Leitbegriff nicht einmal einen Minimalkonsens in der Sache bedeuten muss. Ähnliches gilt für das Gemeinwohlziel Wohlfahrt. Ohne eine substanzielle normative Setzung als Ausgangspunkt kann keine Gemeinwohldiskussion sinnvoll geführt werden. Wenn es aber so ist, dann liegt es nahe, mit der Suche nach einer demokratiegemäßen Gemeinwohlkonzeption sogleich bei der normativen Substanz der Demokratie anzusetzen.[19] Ist es möglich, diese Substanz in die Gemeinwohlidee aufzunehmen, ohne zur vormodernen Tradition der Gemeinwohlgewissheit zurückzukehren?

Das Wort ›Demokratie‹ bildet den normativen Kern der Demokratieidee nur sehr unvollkommen ab. Der erweiterte Begriff ›demokratischer Verfassungsstaat‹ geht einen wichtigen Schritt in die richtige Richtung, ist aber immer

19 Einen konsequent durchdachten Versuch dieser Art unternimmt Dieter Fuchs (2002, S. 100), kommt dabei allerdings zu dem Ergebnis, dass allenfalls aus dem Gleichheitspostulat ein »minimaler Gehalt« für eine demokratiegemäße Idee des Gemeinwohls zu gewinnen sei und dass »Responsivität« als Standard zur Beurteilung demokratischer Prozesse besser geeignet sei als »Gemeinwohl«.

noch eine vereinfachende Formel. ›Demokratie‹, um versuchsweise auf den Begriff bringen, wonach wir suchen, ist die politische Ordnung, die vom Menschen in seiner Personalität als ihrem Träger her und zum Menschen in seiner Personalität als ihrem Zweck hin gedacht ist. Damit sind normative Weichen gestellt. Ignoriert diese Weichenstellung jenen unhintergehbaren Pluralismus der Weltsichten und Wertüberzeugungen, mit dem die moderne Welt leben muss?

Die Antwort lautet: ja und nein. Ja, insofern sie dem konsequenten Relativismus einen nicht disponiblen Wert entgegenstellt – in der Sprache des Grundgesetzes »die Würde des Menschen«. Nein, insofern diese normative Setzung die einzige ist, die selbst unter den Bedingungen des modernen Weltanschauungspluralismus als allgemein zustimmungsfähig jedenfalls gedacht werden kann.

Von dem nun gewonnenen Ausgangspunkt aus lassen sich Antworten auf die drei für jede politische Ordnung konstitutiven Fragen geben: Wer ist der ursprüngliche Träger des Rechtes, allgemein verbindliche Entscheidungen zu treffen? Welches sind die Grenzen für die Ausübung der aus diesem Recht resultierenden kollektiven Macht? Welches sind die Zwecke, denen sie dienen soll? Die Antworten lauten: Jeder soll, jedenfalls in letzter Instanz, an den Entscheidungen darüber, was für alle gelten soll, mit gleichem Recht beteiligt sein. Jeder hat aller politischen Ordnung vorgegebene Rechte, die ihm einen Raum der Freiheit sichern. Und: Jeder hat den gleichen Anspruch darauf, in den Entscheidungen, die ihn treffen, mit seinen Belangen angemessene Berücksichtigung zu finden.

Diese drei Postulate stehen keineswegs, wie man vermuten möchte, harmonisch zueinander. Sie ergänzen sich, aber sie korrigieren und relativieren sich auch. Gleichwohl hat sich aus ihrer Verknüpfung ein, was seine institutionelle Struktur angeht, ziemlich einheitlicher und stabiler Ordnungstypus herausgebildet, eben der demokratische Verfassungsstaat. Das allgemeine aktive und passive Wahlrecht gewährleistet jedenfalls im Grundsatz das gleiche Recht eines jeden, an der Bestimmung dessen, was für alle gelten soll, mitzuwirken. Grundrechte und die Unabhängigkeit der Justiz sichern den Freiraum eines jeden. Parteienwettbewerb, dazu die Einwirkung der gesellschaftlichen Interessen, organisiert und nicht organisiert, auf die Politik und die Öffentlichkeit als Raum kritischer Reflexion der allgemeinen Angelegenheiten tragen jeweils das Ihre dazu bei, dass das Gemeinwesen dem Ziel, die Belange eines jeden in den kollektiven Entscheidungen fair zu berücksichtigen, jedenfalls nahekommen kann.

Damit ist klar: Der demokratische Verfassungsstaat ist, anders als Kelsen meint, nicht einfach die politische Ordnung des Relativismus. Er beruht auf einer grundlegenden normativen Entscheidung. Und diese Entscheidung trägt dann auch ein bestimmtes Verständnis des Gemeinwohls. Die Offenheit, die sich aus dem Abschied der Moderne von für alle verbindlichen Wahrheitsgewissheiten ergibt, und die normative Entscheidung für die politische Ordnung, die ein Zusammenleben in dieser Offenheit möglich macht, können als zueinander gehörig begriffen werden. Auf das Schumpeter'sche Verdikt, das uns im ersten Kapitel beschäftigt hat, zurückbezogen ließe sich dieses Ergebnis so formulieren: Das Verdikt mag für alle konkreten Ergebnisse des politischen Diskurses auf der ihm aufgegebenen Suche nach dem Gemeinwohl gelten. Es trifft nicht die Sinnhaftigkeit des an der regulativen Idee eines Wohles, an dem alle teilhaben, orientierten Diskurses selbst.

Wenn es sich so verhält, drängt sich die Frage auf: Wird der Spannung zwischen der fundamentalen Wertgebundenheit auf der einen Seite und dem Postulat der Offenheit auf der anderen nicht am ehesten ein Gemeinwohlverständnis gerecht, das das demokratische Verfahren in den Mittelpunkt rückt; ein Verständnis, das das Regelsystem des demokratischen Verfassungsstaates als das wesentliche Gemeingut begreift? Diese Tendenz bestimmt in der Tat die neuere demokratietheoretische Diskussion, soweit sie sich überhaupt auf die Gemeinwohlthematik eingelassen hat. Gemeinwohlorientierte Politik ist dann vor allem eine Politik, die den demokratischen Modus der Politik bewahrt, trägt, fördert.

Für dieses Gemeinwohlverständnis gibt es gute Gründe. Der Modus der Politik, die Art des Regierens ist für die Demokratie konstitutiv. Diesem Modus Gemeinwohlqualität zuzuschreiben, ist im Selbstverständnis der Demokratie angelegt. Dass so und nicht anders regiert wird, macht in einem demokratischen Gemeinwesen zu einem entscheidenden Teil das allgemeine Wohl aus. So und nicht anders will sagen: unter Mitwirkung aller Bürger; offen für Konflikte, aber um den Ausgleich aller Interessen bemüht; dabei die Grundrechte eines jeden respektierend; und der unentrinnbaren Gemeinwohlungewissheit der Moderne dadurch Rechnung tragend, dass die Entscheidungen der Politik in ihren Inhalten nicht ein vorgegebenes Wissen ausbuchstabieren, sondern Ergebnisse eines konfliktreichen Suchprozesses sind, die unter dem institutionalisierten Vorbehalt der Revidierbarkeit stehen.

Ein solches Regelsystem eröffnet selbst unter Bedingungen des Weltanschauungs- und Interessenpluralismus noch die Aussicht, dass mit einer gewissen Verlässlichkeit Entscheidungen getroffen werden, die für alle Beteiligten und Betroffenen jedenfalls hinnehmbar sind. Gesellschaftlicher Konflikt und gesellschaftlicher Frieden, heißt das, werden durch den demokratischen Modus der Politik miteinander kompatibel – Thomas von Aquins zentraler Gemeinwohlwert, eben der Frieden, taucht aus der Erinnerung auf. Wie sollte dieses Regelsystem in seinen verschiedenen Varianten nicht als Gemeingut von hohem Rang gelten?

Können wir die Suche nach einer demokratiegemäßen Gemeinwohlkonzeption mit dieser Antwort beenden? Hätten wir mit dem Rückzug auf das Verfahren nicht beides, eine positive Antwort auf die Gemeinwohlfrage einerseits und eine Anerkennung der Gegebenheit, dass moderne Gesellschaften einen materiellen Gemeinwohlkonsens nicht mehr zulassen, andererseits? Robert Dahl hat diese Frage in seinem Buch *Democracy and its Critics*, auf das wir schon im ersten Kapitel gestoßen sind, mit besonderer Gründlichkeit erörtert.[20] Dahl zieht in diesem Buch die Bilanz eines langen, durchgehend dem Demokratiethema gewidmeten Forscherlebens. Das gibt dem, was er zu sagen hat, besonderes Gewicht.

Das für unser Thema wesentliche Kapitel ist überschrieben: »The Common Good as Process and Substance«. *Process* – das sind die Verfahren, mit denen das demokratisch verfasste Gemeinwesen zu Entscheidungen gelangt; sind die Rechte aller Bürger auf Teilhabe am Entscheidungsprozess; sind die allen Bürgern eröffneten Möglichkeiten der Einwirkung auf diesen Prozess. *Process*, so kann man es auch sagen, das ist die Institutionenordnung der Demokratie. Und *substance*? Dahl tut sich schwer mit einer Antwort. Am Ende lautet sie: »An essential element in the meaning of the common good among the members of a group is what the members would choose if they possessed the fullest attainable understanding of the experi-

20 Dahl 1989.

ence that would result from their choice and its most relevant alternatives«.[21]

Wir brauchen nicht zu entscheiden, ob diese Antwort normativ oder empirisch gemeint ist. Jedenfalls ist sie leer. Die Frage nach der inhaltlichen Substanz des Gemeinwohls bleibt unbeantwortet. Das von Dahl geforderte *enligthened understanding* kann es nicht geben. Niemand entscheidet so, wie Dahls Antwort es postuliert. Es gibt auch niemanden, der wissen könnte, wie vollständig aufgeklärte Bürger entscheiden würden. Und schließlich: Es gibt keine guten Gründe für die Erwartung, dass vollständig aufgeklärte Bürger einstimmig entscheiden würden. Auch *enligthened understanding* würde Mehrheitsentscheidungen nicht entbehrlich machen. Dann aber stünden wir vor der Frage, warum die Mehrheit der aufgeklärten Bürger festlegt, was das Gemeinwohl ist, wenn doch auch die Minderheit für sich in Anspruch nehmen kann, aufgeklärt zu entscheiden.

So läuft es denn bei Dahl, auch wenn er das in dieser Klarheit nicht ausspricht, darauf hinaus, dass der demokratische Prozess mit all seinen Voraussetzungen und Implikationen das einzige einigermaßen genau bestimmbare Gemeingut ist. Man kann das aus den Streitgesprächen, die er in einigen seiner Kapitel zwei oder drei Protagonisten unterschiedlicher Ideen führen lässt, herauslesen.[22] In ihnen haben die, die der Erwartung, das Gemeinwohl lasse sich auf irgendeine Weise inhaltlich bestimmen, skeptisch gegenüberstehen, regelmäßig die stärkeren Argumente. Man kann es auch aus Dahls nachdrücklichem, mehrfach wiederholtem Hinweis herauslesen, der demokratische Prozess enthalte als solcher bereits sehr viel normative Substanz.

21 Ebd., S. 308.

22 Ebd., Kap. 12, 13 und 20.

Dennoch: Dahl macht sich mit der Suche nach Substanz, bei aller Präferenz für den Prozess, viel Mühe. Und aus dieser Mühe mögen auch bei Dahl Zweifel daran sprechen, dass der Verweis auf den Prozess die letzte, die einzig mögliche Antwort auf die Gemeinwohlfrage ist. Diese Zweifel sind begründet.[23] Kein Entscheidungsverfahren kann so ausgestaltet werden, dass es bestimmte erwünschte Entscheidungen verlässlich gewährleistet. Und vor allem: Kein Entscheidungsverfahren kann so ausgestaltet werden, dass bestimmte unerwünschte Entscheidungen verlässlich ausgeschlossen sind. Das bedeutet: Eine Gemeinwohlidee, die normative Anforderungen nur an das Entscheidungsverfahren stellt, verhält sich neutral gegenüber allen denkbaren Entscheidungsinhalten.

Damit aber gerät sie mit sich selbst in Widerspruch. Es kann keine sinnvolle Idee des Gemeinwohls geben, die, um eine Formulierung des ersten Kapitels aufzugreifen, dem Gemeinwesen nicht eine verbindliche Vorstellung von seiner Bestimmung vorgibt; die, handfester gesagt, nicht auch etwas über die Zwecke politischen Handelns sagt. Auch unser Versuch, den normativen Kern der Demokratieidee zu explizieren, musste Zwecke thematisieren. Das ist schon deshalb so, weil jedem Urteil über die Gemeinwohlqualität von Entscheidungsregeln immer auch eine Prognose darüber zugrunde liegt, welche Art von Entscheidungen eben

23 Schuppert/Neidhardt (2002, S. 27) sprechen von einem Dilemma. Einerseits sei die Prozeduralisierung zwingend, andererseits sei vollständige Maßstabslosigkeit im Blick auf die Ergebnisse nicht akzeptabel. Fuchs (2002, S. 100) konstatiert: »Eine rein prozedurale Bestimmung des Gemeinwohls löst jeglichen Gehalt des Begriffs auf und macht ihn in seiner Funktion als regulative Idee überflüssig.« Auch Schmitt-Egner (2015, Teil II) hält im Ergebnis eine rein prozedurale Bestimmung des Gemeinwohls für unzureichend.

diese Regeln erwarten lassen.[24] Dass die Verfahren sich immer auch durch ihre Ergebnisse rechtfertigen müssen, heißt aber nichts anderes, als dass die in der Gemeinwohlidee vorgegebenen normativen Maßstäbe über die Verfahren hinausweisen. Sie machen sichtbar, dass Verfahren nur unzureichend gewährleisten können, was sie gewährleisten sollen. Man kann aus dieser Spannung geradezu eine Gemeinwohldefinition herleiten: Die regulative Idee des Gemeinwohls ist für die Demokratie unentbehrlich, weil sie die Differenz zwischen dem Sinn des demokratischen Verfahrens und seinen jeweiligen aktuellen Ergebnissen ins Bewusstsein hebt.

Dass ein demokratiegemäßes Gemeinwohlverständnis sich nicht auf den demokratischen Prozess als das einzige Gemeingut beschränken kann, sondern die Zwecke in sich aufnehmen muss, denen dieser Prozess dient, ändert nichts daran, dass das Gemeinwohl nur als offene regulative Idee demokratiegemäß ist. Um das eine mit dem anderen gedanklich zusammenzufügen, greifen wir die im ersten Kapitel entwickelte Figur des Gemeinwohls als eines normativ definierten oder konturierten Diskussionsraumes wieder auf.

Das Gemeinwesen ist um seiner Bürger willen da. Und: Jeder hat den gleichen Anspruch darauf, dass seine Belange in den Entscheidungen, die ihn treffen, eine faire Berücksichtigung finden – das ist die normative Kontur des Gemeinwohldiskurses. Man kann diese Kontur in die Formel fassen: Gemeinwohlorientiert ist eine Politik, die mit zustimmungsfähigen Gründen gegenüber allen Betroffenen

24 Ladwig (2002b, S. 88) spricht von einem hermeneutischen Zirkel. In unsere Bewertung der Entscheidungsverfahren geht notwendig die Bewertung der Ergebnisse, die diese Verfahren tendenziell hervorbringen, ein. Und in unsere Bewertung der Ergebnisse die Bewertung der Verfahren, die sie hervorgebracht haben.

verantwortet werden kann. Die Ungewissheit, was das im konkreten Fall, in einer gegebenen Situation, Entscheidung für Entscheidung, bedeutet – das ist der Diskursraum. Dass der normative Rahmen des Diskurses auch für die Demokratie keineswegs zeitlos ist, versteht sich dabei von selbst. Gerade in der jüngsten Vergangenheit ist das sehr deutlich geworden. Die Notwendigkeit, die Belange zukünftiger Generationen in den Gemeinwohldiskurs einzubeziehen, ist durch die Wahrnehmung der von Menschen verursachten Erderwärmung und ihrer drohenden Folgen mit dramatischer Wucht hervorgetreten. ›Nachhaltigkeit‹ ist zu einem Schlüsselbegriff der Gemeinwohldiskussion geworden.[25]

Der Gemeinwohldiskurs hat, abstrakt gesprochen, eine doppelte Aufgabe: Zum einen bringt der demokratische Wettbewerb konkurrierende Gemeinwohlkonzeptionen und unterschiedliche Interessen in den Diskursraum ein, die beurteilt werden müssen. Zum andern gilt auch für unumstrittene Gemeinwohlwerte: Sie lassen sich in politische Entscheidungen nur durch Konkretisierungen überführen, die regelmäßig Kontroversen auslösen, also Diskussionsbedarf erzeugen. Übrigens bedeutet das auch, dass das Verfahren der Konkretisierung, allgemeiner formuliert: der Modus der Politik, selbst dann als wesentliches Element des Gemeinwohls zu verstehen ist, wenn man, mit Dahl gesprochen, *substance* bei der Bestimmung des Gemeinwohls den Vorzug vor *process* gibt.

Wenn und soweit wir den Diskurs als Streit zwischen konkurrierenden Konzeptionen des Gemeinwohls wahrnehmen, kann er besonders spannungsreich sein. Konflikte zwischen Weltanschauungen und Lebensweisen sind etwas

25 Dazu Steinberg 2002 und Weidner 2002.

anderes als Konflikte zwischen Interessen. Niederlagen sind viel schwerer zu akzeptieren. Dass dieser Wettstreit als aushaltbar erfahren wird, ist nicht selbstverständlich. Aber es gilt auch die Umkehrung: Wenn, nur wenn wir den politischen Konflikt als gemeinsame, wenn auch streitige Suche nach dem Gemeinwohl verstehen, wird es möglich, ihn zum Modus der Politik zu machen, ohne dass er irgendwann das Gemeinwesen sprengt.

Zu eindeutigen Antworten können die Diskurse nicht führen. Das gibt eine regulative Idee nicht her. Aus dem, was wir die normative Kontur genannt haben, sind Eindeutigkeiten nicht deduzierbar. Aber diese Kontur hält Gesichtspunkte für die Beurteilung der konkurrierenden Vorschläge, wie politisch gehandelt werden solle, bereit. Die Prüfung wird regelmäßig ergeben, dass es mehrere Entscheidungsoptionen gibt, die das Gemeinwohlkriterium nicht verletzen. Das macht demokratischen Wettbewerb überhaupt erst möglich. Leistungsfähiger ist die offene regulative Idee im Negativen. Sie hilft herauszufinden, was eindeutig gemeinwohlwidrig ist. Das ist vermutlich ihre wichtigste Funktion. Man kann den Sinn des Diskurses, der alle Entscheidungsvorschläge dem Test einer öffentlichen Gemeinwohldiskussion unterwirft, geradezu so bestimmen: Er soll die Vorschläge identifizieren, die dem Gemeinwohlkriterium evident nicht entsprechen.

Das geschieht in zwei Phasen des demokratischen politischen Prozesses: in der Auseinandersetzung über die Entscheidungen, die zu treffen sind, und in der Auseinandersetzung über die Entscheidungen, die getroffen worden sind. Denn keine Entscheidung, auch keine konsensuale Entscheidung, kann sich auf Gemeinwohlgewissheit berufen. Die Diskussion geht weiter. Entscheidungen grundsätzlich als revidierbar anzusehen, gerade auch unter Gemeinwohlgesichtspunkten, gehört zum Kern eines demokratischen Politikverständnisses. Diese Auseinandersetzungen haben nicht nur praktische Dissense zum Gegenstand, die die Ziel-Mittel-Relation politischen Handelns betreffen. Es geht auch und gerade um Zielkonflikte, die in Weltanschauungs- und Interessengegensätzen wurzeln können oder – und das ist in der Politik häufig – in unterschiedlichen Wirklichkeitswahrnehmungen.

Der demokratische Diskurs ist tatsächlich so angelegt, dass er einen kontinuierlichen Diskurs über das als offene, aber nicht leere regulative Idee verstandene Gemeinwohl nicht nur möglich macht, sondern unablässig anregt. Er unterstellt die politischen Mehrheitskonstellationen dem Prinzip der Befristung. Die Karten werden regelmäßig neu gemischt. Er ist offen für die Teilnahme vieler, idealiter aller, mit ihren unterschiedlichen Weltanschauungen, Weltwahrnehmungen, Interessen. Seine Entscheidungsverfahren schaffen Raum für Deliberation, Deliberation in den Institutionen, die die Entscheidungen zu treffen haben, Deliberation aber auch und vor allem im öffentlichen Raum, in den diese Institutionen eingebettet sind.

Motor der Diskurse ist die Begründungspflicht, die jeden trifft, der sich im politischen Raum mit Forderungen, Vorschlägen oder Einwänden gegen die Forderungen und Vorschläge anderer zu Wort meldet. Man muss, wenn man gehört werden will, Gründe vorbringen, für das, was man fordert. Und diese Gründe müssen in irgendeiner Form dem Gemeinwohlpostulat Tribut zollen. Natürlich geschieht das oft unaufrichtig, mit der Absicht, eindeutig partikulare Interessen zu verschleiern. Aber was immer die Absicht der Beteiligten sein mag, die normative Ausrichtung des demokratischen Diskurses ist durch seinen öffentlichen Charakter vorgegeben und entfaltet entsprechende Wirkungen. Den demokratischen Prozess als einen Wettbewerb zu verstehen, in dem miteinander konkurrierende Programme politischen Handelns auf ihre Gemeinwohlqualität hin geprüft werden, ist keine ganz und gar wirklichkeitsferne Idealisierung.

Wirklich nicht? Wir müssen wohl doch noch etwas genauer hinsehen. Hinter der einfachen Formel ›demokratischer Prozess‹ oder auch ›demokratischer Modus‹, mit der wir bisher gearbeitet haben, verbirgt sich eine sehr komplexe Architektur. Der demokratische Verfassungsstaat hat ein Problem damit, dass er fast immer zu einfach beschrieben wird. Etwas anders formuliert: Die Demokratiesprache des Alltags ist unterkomplex. Tatsächlich interagieren im demokratischen Modus der Politik verschiedene Akteure in einem ausdifferenzierten System unterschiedlicher Rollen. Diese Rollen haben ihre je eigene Funktion im demokratischen Modus der Politik und das heißt im Prozess der Gemeinwohlsuche.

Die Ausgangsgegebenheit ist die Vielfalt der Weltanschauungen, Weltwahrnehmungen, Interessen, die in jeder modernen Gesellschaft aufeinandertreffen. Diese Vielfalt formiert sich in einer Vielzahl von Organisationen und wird dadurch politisch handlungsfähig. Dabei ist zu unterscheiden zwischen Organisationen, die ein eigenes partikulares Interesse zur Geltung bringen wollen, und solchen, die für sich in Anspruch nehmen, Gemeinwohlbelange zu vertreten. Wichtig und charakteristisch für den demokratischen politischen Prozess ist aber nicht nur die organisierte Teilhabe, sondern auch die spontane Intervention. Demonstrationen, Petitionen, Aufrufe sind Beispiele für solche spontanen Interventionen, die in der Regel einen konkreten Anlass haben und auf diesen Anlass bezogen bleiben.

Parteien haben eine andere Aufgabe. Zwar artikuliert sich auch in einem Parteiensystem in gleichsam verdichteter Form Vielfalt, aber der eigentliche Auftrag der Parteien ist der, die Vielfalt der Weltanschauungen, Weltwahrnehmungen, Interessen, die sich in der Gesellschaft finden, für die Wähler zu Entwürfen politischer Programmatik zu bündeln, die nicht einzelnen partikularen Interessen verpflichtet sind, sondern das Ganze im Visier haben. Parteienwettbewerb ist der institutionalisierte Konflikt zwischen solchen das Ganze bedenkenden Politikentwürfen (und natürlich zwischen Personen, die miteinander um die politischen Führungsämter konkurrieren). Die Entscheidung in diesem Wettbewerb trifft der Bürger als Wähler. Das verleiht ihm eine Schlüsselstellung.[26]

In der Ämterordnung des Gemeinwesens schließlich ist seine Handlungsfähigkeit institutionalisiert. Die Handlungsvollmacht der Amtsträger leitet sich grundsätzlich vom Wähler her. Gleichwohl ist auch hier noch einmal zu unterscheiden, und zwar zwischen gewählten und nicht gewählten Amtsträgern. Eingebettet ist der gesamte Prozess in einen öffentlichen Diskurs, der dem demokratisch verfassten Gemeinwesen die Chance der an kein Machtkalkül gebundenen vielstimmigen Reflexion über alles politische Handeln sichert. Die Mitwirkung an diesem Diskurs, institutionalisiert oder nicht, ist eine letzte und in gewissem Sinn die elementare Art der Teilhabe am demokratischen Prozess.

Je nach Zählung ergeben sich für die Akteure demokratischer Politik bis zu acht verschiedene Rollen, deren systemisches Mit- und Gegeneinander diesen Prozess

26 Was für den Bürger als Wähler gilt, gilt auch für den Bürger als Abstimmenden im Volksentscheid. Er entscheidet einen politischen Wettbewerb, in dem es freilich um eine Sachfrage, nicht wie in Wahlen um das Vertrauen in Personen und um einen das Ganze bedenkenden Politikentwurf geht.

ausmacht. Im Kontext unserer Fragestellung liegt es nahe, die spannungsreiche Rollenkonfiguration als den Versuch der demokratischen Verfassungsordnung zu deuten, die Anerkennung der Legitimität des Partikularen mit der Anerkennung der Geltung der regulativen Idee des Gemeinwohls zu verbinden. In dieser Verknüpfung liegt ja ihre eigentliche Aufgabe und Herausforderung.

Wie geschieht diese Verknüpfung? In die unterschiedlichen Rollen sind unterschiedliche Verhaltenserwartungen eingeschrieben, unterschiedliche Vorstellungen zumal – das ist der für uns maßgebliche Gesichtspunkt – von der Gemeinwohlpflichtigkeit der politischen Akteure. Für die organisierten Interessen gilt, dass sie die Repräsentanten des Partikularen in seiner Vielfalt und Gegensätzlichkeit sind. Auch wenn sie sich gern auf das Gemeinwohl berufen, sie stehen für die Legitimität des Partikularen. Gemeinwohlverantwortung tragen sie nur insofern, als sie wie alle politischen Akteure das Regelsystem des demokratischen Verfassungsstaates als Gemeingut zu respektieren haben.

Auch die Gruppen, die für sich in Anspruch nehmen, öffentliche Interessen zu vertreten, sind Repräsentanten des Partikularen, freilich auf eine besondere Weise. Für sie ist in aller Regel charakteristisch, dass sie auf ein Thema, ihr Thema fixiert sind, in extremen Fällen bis zur Monomanie, vom Tierschutz bis zur Homöopathie. Sie ignorieren, heißt das, und sie dürfen ignorieren, was die Politik nie ignorieren darf: Im politischen Raum konkurrieren immer eine Fülle von Erwartungen und Forderungen miteinander, die, soweit sie als begründet anerkannt werden, miteinander kompatibel gemacht werden müssen. Jede der isolierten Erwartungen und Forderungen ist deshalb, aus einer politischen Perspektive betrachtet, partikular. Aber, noch einmal, das stellt ihre Legitimität nicht infrage, sofern sie ihre Rolle verstehen und annehmen. Was für die organisierten Interessen gilt, gilt mutatis mutandis auch für die spontanen Interventionen in den politischen Prozess.

Ganz anders ist die Rolle der Parteien zu beschreiben – das Nötigste dazu ist bereits gesagt worden. Parteien stehen, an konkurrierenden Gemeinwohlkonzeptionen orientiert, für politische Programme, die das Ganze im Blick haben. Sie versetzen dadurch die Wähler in die Lage, politische Richtungsentscheidungen zu treffen. Ihre Gemeinwohlverpflichtung ist klar umrissen: Sie sollen den politischen Prozess über die Vielfalt sich artikulierender Partikularismen hinausführen zu in sich stimmigen Gesamtkonzeptionen politischen Handelns. Sie tun das im Wettbewerb miteinander, in einem offenen Horizont der Gemeinwohlinterpretation, als Repräsentanten unterschiedlicher Deutungen des Gemeinwohls. Wenn sie sich explizit zum Anwalt von Partikularinteressen machen – und manchmal geschieht das schon im Namen, den sie sich geben –, verfehlen sie ihre eigentliche Aufgabe.

Dem Wähler fällt die komplexeste Rolle zu. Und die Frage, ob er ihr gewachsen sei, stellt sich immer wieder. Einerseits gilt die Maxime von der Legitimität des Partikularen in einer freien Gesellschaft natürlich auch für ihn. Er hat das Recht, seine Interessen in seiner Wahlentscheidung geltend zu machen. Er bringt sie mit seiner Wahlentscheidung in den politischen Prozess ein. Andererseits ist jede Wahlentscheidung eine Entscheidung, die der Wähler – als einer unter vielen – über seine Mitbürger trifft. Er hat sie, zumindest gedanklich, ihnen gegenüber zu verantworten. Er hat, heißt das, sich die Frage zu stellen, was seine Entscheidung für alle, die sie trifft, bedeutet. Und das ist nur eine andere Fassung der Feststellung: Er trägt eine Gemeinwohlverantwortung. Er übt, etwas anders formuliert, ein ideelles Amt aus.[27] Ganz aufzulösen ist der Widerspruch, der in dieser Rolle angelegt ist, nicht. Aber es ist für den demokratischen Verfassungsstaat von größter Bedeutung, ob der Wähler sich seiner bewusst ist und wie er mit ihm umgeht.

In der Ämterordnung des Gemeinwesens findet die Gemeinwohlverantwortung der politischen Akteure ihre klarste und entscheidende Verankerung.[28] In ihr ist der Gemeinwohlauftrag institutionalisiert, dem alle unterstehen, denen öffentliche Gewalt anvertraut ist. Die Gemeinwohlpflicht wird zur – unterschiedlich ausgestalteten – Rechtspflicht. Die höchsten politischen Amtsträger schwören einen feierlichen Eid, in welchem Wortlaut auch immer, der sie auf das allgemeine Wohl verpflichtet. Für die Abgeordneten gilt das jedenfalls in Deutschland nicht. Aber das Grundgesetz nennt sie »Vertreter des ganzen Volkes« (Art. 38) und verpflichtet sie damit ausdrücklich auf das Wohl des ganzen Volkes. Auch die beamteten Staatsdiener der Verwaltung, die Richter, die Soldaten werden vereidigt. Und auch dieser Eid dient der Gemeinwohlbindung. Zudem ist die Gemeinwohlverpflichtung von Amtsträgern in bestimmten Hinsichten strafrechtlich bewehrt, durch die Strafbarkeit der Bestechung etwa.

Innerhalb der Ämterordnung haben die politischen Ämter eine herausgehobene Bedeutung für das Gemeinwohl, insofern die Inhaber dieser Ämter darüber entscheiden, was konkret als dem Wohl des Gemeinwesens dienlich gelten soll. Die Inhaber der politischen Kernämter sind dabei an das wiederkehrende Votum der Wähler gebunden. Sie sind, heißt das, mit ihrer Gemeinwohlpflicht in

27 Kielmansegg 2013, S. 61 f. Zur Spannung, die in der Rolle des Staatsbürgers angelegt ist, siehe auch Preuß 2002.

28 Isensee 2002; ders. 2014.

ein besonderes Spannungsverhältnis gestellt, in dem Eigenverantwortlichkeit und Abhängigkeit konfliktreich aufeinandertreffen. Darauf wird noch einmal zurückzukommen sein. Die nachgeordneten Amtsträger handeln grundsätzlich gesetzesgebunden, gebunden also an Gemeinwohlentscheidungen der politischen Amtsträger, aber in den Freiräumen, die ihnen dabei bleiben, auch wieder in eigener Gemeinwohlverantwortlichkeit, bei deren Wahrnehmung ein besonderes professionelles Ethos ins Spiel kommt.

Richter haben aufgrund ihrer Unabhängigkeit eine Sonderstellung – in der Auslegung des Gesetzes sind sie zugleich dem Gesetz unterworfen und in jeder konkreten Streitentscheidung, die sie, das Gesetz auslegend, treffen, seine Herren. Unter den Gerichten sind Verfassungsgerichte auch in unserem Zusammenhang eine Instanz sui generis. Sie treffen durch verbindliche Auslegung der Verfassung Gemeinwohlentscheidungen von Verfassungsrang. Je stärker sich eine Verfassung als politisches Programm versteht und gibt, desto mehr drängt sie das Verfassungsgericht in die Rolle einer höchsten Gemeinwohlautorität.[29] Dass sich hier demokratietheoretische Fragen stellen, ist offensichtlich. Auch Zentralbanken mit ihrer sehr spezifischen Gemeinwohlaufgabe, die Stabilität des Geldwertes zu sichern, können in diesem Zusammenhang genannt werden. Die guten Gründe, die Demokratien haben, bestimmte Gemeinwohlentscheidungen Institutionen zu übertragen, die nicht in den Wettbewerb um Wählerstimmen eingebunden sind, sind für die Zentralbanken leichter zu benennen als für die Verfassungsgerichtsbarkeit.

Schließlich die Öffentlichkeit – das Wort bezeichnet gleichermaßen die Arena eines ständigen Reflexionsprozesses, der alles politische Handeln vorbereitet, begleitet

29 Siehe dazu den fünften Versuch in Kielmansegg 2013.

und rückblickend bewertet, wie die, die in dieser Arena das Wort ergreifen. In ihr ist Raum für die Artikulation des ungeschminkt Partikularen wie für das Nachdenken über das Gemeinwohl. Aber ihre für den demokratischen Verfassungsstaat konstitutive Bedeutung liegt doch darin, dass sie der Ort diskursiver, kontroverser Suche nach dem ist, was dem Gemeinwesen gut tut, ein Ort, kürzer gesagt, der Gemeinwohlsuche. Voraussetzung dafür, dass ›die Öffentlichkeit‹, jetzt als vielstimmiger Akteur verstanden, die ihr damit zugeschriebene Aufgabe im demokratischen Prozess erfüllt, ist freilich, dass jedenfalls die maßgeblichen Stimmen sich dieser Aufgabe verpflichtet fühlen. Bei den klassischen Massenmedien, dem öffentlich-rechtlichen Rundfunk und den parteiunabhängigen Zeitungen, um vom deutschen Beispiel zu sprechen, durfte man dieses Selbstverständnis bei allen Einseitigkeiten unterstellen. Aber die klassischen Massenmedien haben an Bedeutung verloren. Das Internet hat in den letzten Jahren einen dramatischen Strukturwandel der Öffentlichkeit in Gang gesetzt und vorwärtsgetrieben. Auf seine Folgen wird gleich noch ein Blick zu werfen sein.

Die Beschreibung der Konfiguration der Rollen, die der demokratische Prozess den politisch Handelnden zuweist – sie ließe sich übrigens weiter verfeinern, etwa durch die Berücksichtigung der Experten –, mag den Eindruck erwecken, als sei damit eine Politik, die von der Anerkennung der Legitimität des Partikularen ihren Ausgang nimmt, sich am Ende aber am Gemeinwohl orientiert, leidlich gewährleistet. Aber diese Erwartung wäre natürlich illusionär. Das Idealbild eines demokratiegemäßen Zusammenspiels verschiedener Rollen ist das eine, die Wirklichkeit demokratischer Politik ein anderes. Diese Wirklichkeit genauer zu beschreiben ist hier weder nötig noch möglich. Wir haben sie alle vor Augen. Aber einige der, aus der Gemeinwohlperspektive gesehen, hauptsächlichen Schwachstellen des demokratischen Prozesses sollen doch wenigstens benannt werden.

Davon, dass der Wähler tendenziell überfordert sei, war schon die Rede. Er ist zuerst seinen partikularen Interessen verpflichtet und darf es sein – wer sonst sollte sie für ihn geltend machen? – und soll doch zugleich Verständnis dafür haben, dass die Politik diese Interessen nicht einfach bedienen kann. Wie der Wähler mit dieser Spannung umgeht, entscheidet letztlich über die Handlungsspielräume von Gesetzgeber und Regierung. Genauer: Es ist die Einschätzung der Wähler durch die konkurrierenden Parteien, die den Handlungsspielraum der Politik bestimmt.

Damit sind wir beim Parteienwettbewerb, einer zweiten Schwachstelle des demokratischen Prozesses. Auch die Parteien sind widersprüchlichen Erwartungen ausgesetzt. Sie stehen in einem ständigen Wettbewerb um Zustimmung – dieser Wettbewerb ist für die Demokratie schlechthin konstitutiv. Sie müssen sich also an den Erwartungen der Wähler orientieren, wenn sie erfolgreich sein wollen. Sie sollen aber ihr eigenes Urteil über das, was politisch vernünftig und geboten ist, nicht einfach den Erwartungen und Forderungen der Wähler unterwerfen. In der Regel dominiert der Wille zum Wahlerfolg. Und der legt eine in hohem Maße wettbewerbsorientierte Strategie nahe. Das ist auf der einen Seite eine Strategie des, drastisch formuliert, mehr oder weniger notdürftig verhüllten Stimmenkaufs durch Versprechungen. Und auf der anderen Seite eine Strategie der Vermeidung von Belastungen der Wähler. Probleme, deren Bearbeitung Wählerstimmen kosten könnte, werden beiseitegeschoben, kleingeredet, ignoriert. Der Parteienwettbewerb, heißt das, ist ein Mechanismus, dem eine ganz bestimmte Selektivität eigen ist;

eine Selektivität, die einer gemeinwohlorientierten Politik entgegenwirkt. In der Tendenz, Lasten systematisch auf die Zukunft überzuwälzen, tritt uns die Problematik dieses Mechanismus am deutlichsten entgegen. In ihr kann man die gravierendste Pathologie des demokratischen politischen Prozesses sehen.[30]

Eine dritte Schwachstelle dieses Prozesses ist damit implizit schon angesprochen: Für die meisten derer, die politische Ämter innehaben oder anstreben, ist das Interesse an Macht, Ansehen, Einkommen, an dem, was das politische Amt seinem Inhaber persönlich einbringt, ein starkes Motiv ihres Handelns. Die ökonomische Theorie der Politik lässt überhaupt nur dieses Interesse bei der Erklärung des Verhaltens der politischen Klasse gelten. Dieser vermeintliche Realismus ist vermutlich eher wirklichkeitsfremd. Aber dass das Interesse der politischen Klasse an sich selbst und die im politischen Amt festgeschriebene Gemeinwohlverpflichtung in einem Spannungsverhältnis zueinander stehen, wird man kaum bestreiten können. Übrigens kehren wir mit dieser Gegenüberstellung in gewisser Weise zu unserem Ausgangspunkt, zu Aristoteles und seiner grundlegenden Unterscheidung zwischen einer Politik, die dem Wohl aller, und einer Politik, die nur dem Wohl der Regierenden dient, zurück.

Natürlich ist auch die Gefahr, dass organisierte Partikularinteressen übermächtig werden, eine Anfälligkeit des demokratischen Prozesses, die man seit eh und je wahrgenommen hat. Die Bedeutung des Geldes in den Wahlkämpfen der USA ist ein Beispiel für diese Anfälligkeit.

30 Zu den Ambivalenzen des Parteienwettbewerbs Kielmansegg 2004. Zur Zukunftsschwäche der Demokratie Steinberg 2002. Der Vorschlag, Nachhaltigkeit zu einem zentralen Gemeinwohlkriterium zu machen (Weidner 2002), zielt genau auf diese Schwäche.

Ganz neu hingegen, um noch eine letzte, besonders aktuelle Problemzone des demokratischen Prozesses zu nennen, ist der schon angesprochene »Strukturwandel der Öffentlichkeit«, den das Internet herbeigeführt hat.[31] In der neuen internetbasierten Öffentlichkeit sind es nicht so sehr Partikularinteressen, die sich artikulieren, als vielmehr partikulare Weltsichten, die sich zu Wort melden und politische Sekten aller Art zusammenführen. Das, was einmal die Öffentlichkeit war, zerfällt in viele gegeneinander abgeschottete Bruchstücke, in denen Misstrauen gegen alle anderen Weltwahrnehmungen blüht und Politikverachtung kultiviert wird. Es liegt auf der Hand, dass Öffentlichkeiten dieses Typs, fragmentiert und introvertiert, jene Rolle nicht spielen können und spielen wollen, die der demokratische Prozess der Öffentlichkeit zuschreibt.

Diese demokratiekritischen Anmerkungen dürfen, so ernst sie gemeint sind, nicht so gelesen werden, als stellten sie die Gemeinwohlfähigkeit des demokratischen Verfassungsstaates am Ende doch wieder grundsätzlich infrage. Sie sollen nur unterstreichen, was jeder weiß: Auch der demokratische Verfassungsstaat vermag die Gemeinwohlorientierung der Politik nicht zu garantieren. Alle seine Elemente sind von Pathologien betroffen. Aber alles, was für ihn ins Feld geführt werden kann, bleibt dabei doch gültig. Der politische Prozess ist offen für die Teilnahme vieler, offen auch für spontane Interventionen. Macht wird kontrollierbar im Wettbewerb der Parteien, den der Wähler immer wieder neu entscheidet. Das im demokratischen Prozess stark institutionalisierte Moment der Deliberation erhöht die Wahrscheinlichkeit rationaler Problemlösungen. Befristete Amtszeiten eröffnen Chancen auf Machtwechsel und damit auf Fortentwicklung im Wandel. Die Einbet-

31 Kneuer 2013.

tung des politischen Prozesses in einen Raum öffentlicher Reflexion, dessen Freiheit grundsätzlich gesichert ist, ist gleichermaßen förderlich für die Kontrolle der Macht wie für die diskursive Suche nach Antworten auf die Herausforderungen, vor denen das Gemeinwesen steht.

Alle diese Charakteristika demokratischer Politik sind prinzipiell gemeinwohlfreundlich. Das wird besonders deutlich im Vergleich mit autoritären, insbesondere autokratischen politischen Systemen, in denen die Herrschenden aus systemischen Gründen viel stärker und vor allem viel ungestörter auf die Verteidigung ihrer Macht und aller Privilegien, die daran hängen, fixiert sind; aristotelisch gesprochen: in denen Politik viel stärker auf das Wohl der Regierenden als auf das Wohl der Bürger ausgerichtet ist.

Die republikanische Tradition hat über Jahrhunderte freilich nicht die institutionellen Momente betont, nicht die republikanische Verfassungsordnung als entscheidend für die Gemeinwohlorientierung der Politik angesehen, sondern die Tugend der Bürger.[32] Der Begriff ›Tugend‹ hat hier den politischen Sinn, der uns bei Rousseau als spätem und herausragendem Vertreter dieser Tradition begegnet ist: ›Bürgertugend‹ – das ist die Bereitschaft, das Gemeinwohl höher zu stellen als die eigenen Interessen. Anders der Liberalismus. Er hat der republikanischen Tradition die These entgegengesetzt, nicht auf die Tugend der Bürger, sondern auf die Konfiguration der Institutionen komme es an. Es sei die Aufgabe der Institutionen des demokratischen Verfassungsstaates, die Bürger im politischen Raum von moralischen Anforderungen zu entlasten, die sie überforderten.

32 Zur republikanischen Tradition Viroli 2002. Zur Tugenderwartung der Demokratie Münkler 1992.

Aus unseren Überlegungen ergibt sich, dass diese Gegenüberstellung das Problem verfehlt.[33] Selbstverständlich prägt die institutionelle Architektur des demokratischen Verfassungsstaates in hohem Maße die Politik, die nach ihren Vorgaben betrieben wird, jedenfalls im Prinzipiellen. Aber ebenso offensichtlich ist, dass das Verhalten der politischen Akteure, die in dieser Architektur handeln, ein Faktor von großem Eigengewicht ist. Keine Institution, wie immer sie konzipiert ist, kann daran etwas ändern. Und das heißt: Gemeinwohlorientierte Politik hat immer auch zur Voraussetzung, dass die politischen Akteure sich dem Gemeinwohl verpflichtet fühlen. Mindestens gilt: Gemeinwohlorientierte Politik gibt es nicht, wie immer die institutionelle Architektur aussehen mag, wenn alle politischen Akteure nur ihren eigenen Vorteil suchen. Institutionen und – um es republikanisch auszudrücken – Tugenden müssen zusammenwirken.[34]

Allen politischen Akteuren tritt der demokratische Verfassungsstaat deshalb mit bestimmten Tugenderwartungen, neutral gesagt: Verhaltenserwartungen entgegen. Sie sind für ihn unverzichtbar. Sie sind aber, wie wir gesehen haben, von unterschiedlicher Art, bestimmt durch die unterschiedlichen Rollen, die die politischen Akteure spielen. Der Ämterordnung mit den in ihr festgeschriebenen

33 Auch Buchstein/Schmalz-Bruns (1994, S. 312) betonen, dass die republikanische und die liberale Tradition zusammengeführt werden müssten.

34 In der neueren Diskussion tritt der Begriff ›Gemeinsinn‹ an die Stelle des Begriffs ›Tugend‹. Er ist Teil des Gesamttitels, unter dem die Arbeitsgruppe der Berlin-Brandenburgischen Akademie der Wissenschaften die Ergebnisse ihrer einschlägigen Forschungsarbeit in vier Bänden vorgelegt hat (Münkler/Bluhm/Fischer 2001/02). Zum Gemeinsinn wiederum gehört ›Urteilskraft‹, ein Begriff, der gleichfalls in der neueren Debatte an Bedeutung gewonnen hat.

Rechtspflichten und dem ihr zugehörigen Ethos kommt dabei eine Schlüsselstellung zu. Sie tritt in gewisser Weise an die Stelle des auf die Bürger gerichteten Tugendpostulates des republikanischen Denkens.

Kann der demokratische Verfassungsstaat etwas tun, um seinen Erwartungen Nachdruck zu verleihen? Diese Frage bringt noch einmal die Öffentlichkeit ins Spiel. Die Öffentlichkeit ist das Forum, auf dem in einer freien Gesellschaft jeder jeden dazu auffordern kann, Rechenschaft über sein politisches Handeln abzulegen. Es ist die Bestimmung der Öffentlichkeit, als einer Art nichtjuristischer letzter Instanz, alle politischen Akteure kontinuierlich an ihnen gemäßen Standards gemeinwohlorientierten Verhaltens zu messen; insbesondere von den Amtsträgern einzufordern, was an Verhaltenserwartungen in den ihnen anvertrauten Ämtern festgeschrieben ist. Eine lebendige Öffentlichkeit, die ihre Aufgabe begreift und wahrnimmt, ist, so gesehen, in einem buchstäblichen Sinn das Herz des demokratischen Verfassungsstaates: Sie hält ihn am Leben.

3. Kapitel. Gemeinwohl und Weltverantwortung – über ein Spannungsfeld.

Wessen Wohl ist das Gemeinwohl? Oder, genauer: Vom Wohl welcher Gemeinschaft sprechen wir, wenn wir vom Gemeinwohl sprechen? Auf diese Frage stößt jedes Nachdenken über das Gemeinwohl sehr rasch. Aber so regelmäßig sie gestellt wird, so selten wird sie bis heute systematisch erörtert. Das mag damit zusammenhängen, dass sie in der langen Tradition der Gemeinwohlreflexion immer schon im Vorhinein beantwortet war. Die Tradition hatte immer das eine idealtypische Gemeinwesen an und für sich gleichsam als Monade vor Augen. Und hat nach dessen Wohl gefragt. Die Gemeinwohlidee, heißt das, hat die Partikularität, die ein Grundzug der Organisation des Politischen ist, nicht nur ganz selbstverständlich in sich aufgenommen, sie hat sie verabsolutiert.

Dass nur mit Bezug auf ein konkretes, durch klare Grenzen definiertes politisches Gemeinwesen von Gemeinwohl gesprochen werden könne, war ihre undiskutierte Prämisse. Je überschaubarer das Gemeinwesen, desto präziser die Rede vom Gemeinwohl. So war denn auch die sich selbst regierende Stadt, der Stadtstaat, die Polis, der Prototyp des Gemeinwesens, das die traditionelle Gemeinwohlreflexion im Blick hatte. Ein Stadtstaat zudem, der nach aristotelischem Muster als autark gedacht war, Wechselwirkungen mit der Außenwelt also nicht zu bedenken brauchte, wenn er über sein Wohl nachdachte. Die berühmte Rede des Perikles auf die Gefallenen des ersten Jahres des Peloponnesischen Krieges, wie sie Thukydides aufgezeichnet hat,[1]

1 Thukydides: *Der Peloponnesische Krieg*, Buch II, 35–46.

kann man als Rede über das Gemeinwohl einer solchen in sich selbst ruhenden Stadt lesen – nicht einmal für den Bund, an dessen Spitze Athen steht und den Krieg führt, ist in dieser Rede Raum.

In der Neuzeit tritt der Staat an die Stelle der Stadt. Er ist nun das Gemeinwesen, dem die Gemeinwohlfrage gilt. Das gibt dem Thema eine neue Weite. Aber auch der Staat bleibt in der Tradition des Gemeinwohldenkens wie die Stadt eine Monade. Es geht um das Wohl der als geschlossen und autark gedachten staatlich verfassten Gemeinschaft.

Inzwischen wissen wir, dass wir das Gemeinwohl nicht länger monadisch denken können. Zumindest drei Gründe lassen sich für die Notwendigkeit des Umdenkens anführen: Mit überwältigender Deutlichkeit ist uns in den letzten Jahrzehnten vor Augen getreten, dass es Gefährdungen der Zukunft der Menschheit gibt, denen kein Staat allein wirksam begegnen kann. Ob die Menschheit über die Tragfähigkeit des Planeten hinauswächst; ob überlebenswichtige Ressourcen, trinkbares Wasser beispielsweise, auf diesem Globus knapp werden oder zur Neige gehen; ob die Erderwärmung so fortschreitet, dass menschliches, tierisches, pflanzliches Leben sich ihr nicht mehr anzupassen vermag – das zu steuern liegt nicht mehr in der Hand eines einzelnen Staates. Es gibt, heißt das, globale Überlebensgüter, die nur durch gemeinsame Anstrengungen vieler Staaten, durch – um ein großes Wort zu benutzen – Menschheitsanstrengungen gesichert werden können.

Es hat sich, zweitens, über einen längeren Zeitraum ein waches Bewusstsein des Ausmaßes und der Problematik globaler Ungleichheiten entwickelt. Das extreme Wohlstandsgefälle zwischen den verschiedenen Welten dieses Globus wird nicht mehr als selbstverständlich hingenommen. Die Frage nach seinen Ursachen, nach den Verantwortlichkeiten, nach Wegen zu einer gerechteren globalen

Güterverteilung steht jedenfalls seit dem Ende des Kolonialzeitalters auf der politischen Agenda.

Und schließlich: Die Politik, die partikulare Gemeinwesen treiben, hat notwendig externe Effekte. Sie entstehen nicht nur dann, wenn ein Gemeinwesen durch Handeln oder Unterlassen zur Gefährdung von Menschheitsgütern oder zur extrem ungleichen globalen Verteilung anderer existentiell wichtiger Güter beiträgt. Sie sind weit zahlreicher und vielfältiger. Das ist in der Staatenwelt bis zu einem gewissen Grad natürlich immer schon so gewesen. Neu ist, dass die Verflechtungen zwischen den Staaten, den Gesellschaften und – vor allem – den Ökonomien in den letzten Jahrzehnten einen dramatischen Verdichtungsschub erfahren haben. In der Begrifflichkeit unserer Thematik formuliert heißt das: Negative externe Effekte staatlichen Gemeinwohlstrebens, die andere Gemeinwohlgemeinschaften treffen, sind häufiger und intensiver geworden. Auch diese Entwicklung stellt die Gemeinwohlreflexion vor Fragen.

Vor der Notwendigkeit des Umdenkens stehen in besonderer Weise Demokratien. Demokratien gründen sich ihrem Selbstverständnis nach auf universale Werte. Ihr normatives Fundament ist letztlich die Überzeugung, dass Menschen als Menschen Rechte haben, die alle politische Gewalt zu respektieren hat. Die amerikanische Unabhängigkeitserklärung von 1776 hat diese Überzeugung kanonisch in Worte gefasst. Wenn aber die Demokratie grundsätzlich allen Menschen Rechte zuspricht, nicht nur ihren Bürgern, dann kann ihr Verständnis von Gemeinwohl das nicht einfach ignorieren. Etwas anders formuliert: Die normative Logik der Demokratie weist über die Grenzen eines jeden demokratisch verfassten Gemeinwesens hinaus. Dass diese schlichte Feststellung außerordentlich komplexe Probleme aufwirft, davon wird gleich noch zu reden sein.

Dass es auch eine Gegenlogik gibt, mag hier schon vermerkt sein. Beschäftigen wir es uns später.

Die Feststellung, die Gemeinwohldiskussion habe die Frage »Wessen Wohl ist das Gemeinwohl?« vernachlässigt, besagt nicht, dass der politikphilosophische Diskurs die Entwicklungen, die dieser Frage eine neue Dringlichkeit gegeben haben, nicht zur Kenntnis genommen hätte. Der Diskurs ist lebhaft, aber er wird unter einer anderen Überschrift geführt.[2] Nicht ›Gemeinwohl‹ ist das Schlüsselwort, sondern ›Gerechtigkeit‹, ›globale Gerechtigkeit‹. Vor allem amerikanische Autoren haben ihn, an John Rawls anknüpfend und in Auseinandersetzung mit ihm, in den letzten Jahrzehnten geführt.

Zwei Positionen stehen einander gegenüber – wie es scheint, in scharfem Gegensatz: der Globalismus oder Universalismus und der Kommunitarismus oder Etatismus. Für den Universalismus ist Gerechtigkeit ein menschheitliches Prinzip, das allen Menschen grundsätzlich die gleichen Rechte zuspricht und alle Menschen allen Menschen gegenüber für gleichermaßen gerechtigkeitsverpflichtet hält. Die Rechte, die sich aus der Zugehörigkeit zu partikularen Gemeinschaften ergeben, sind dem, was die universale Gerechtigkeit gebietet, nachgeordnet. Für den Kommunitarismus hingegen sind es primär die partikularen Gemeinschaften, in denen sich Gerechtigkeit verwirklicht. Menschheitliche Belange, die auch Kommunitaristen durchaus ernst nehmen, setzen diesen Primat nicht außer Kraft. Pflichten und Verantwortlichkeiten, die die Grenzen

2 Einen guten Überblick über die Debatte gibt die Sammlung von einschlägigen Texten Broszies/Hahn [3]2016. Grundlegend für die Thematik des Kapitels, mit einem Titel, der dem für diesen Essay gewählten sehr ähnlich ist, Miller 2007.

partikularer Gerechtigkeitsgemeinschaften überschreiten, bedürfen einer stärkeren Begründung als Pflichten und Verantwortlichkeiten, die innerhalb einer solchen Gemeinschaft gelten. Aus der Begründung ergeben sich dann auch ihre Grenzen.

Natürlich gibt es auch Vermittlungsversuche. Vor allem aber: Bei genauerem Hinsehen zeigt sich, dass die Gegensätze so scharf nicht sind, wie sie sich da, wo prinzipiell formuliert wird, darstellen.[3] Fast alle Universalisten gestehen in der einen oder anderen Weise zu, dass die Pflichten, die Menschen innerhalb partikularer Gemeinschaften gegeneinander haben, von anderer Art sind als die Pflichten, die jeder Mensch gegen jeden Menschen hat. Und kein Kommunitarist bestreitet, dass es Pflichten über die Grenzen des Gemeinwesens hinaus gibt.

Dennoch: Es macht einen Unterschied, ob man sich für die eine oder die andere Prämisse entscheidet. In der Hauptsache kreist der Gerechtigkeitsdiskurs um die weltweit extrem ungleiche Verteilung der für das menschliche Leben essenziellen Güter. Warum ist diese Verteilung ungerecht? Wer ist für sie verantwortlich? Worauf gründet sich die Pflicht zum Ausgleich? Wer ist verpflichtet? Dies sind die Fragen, die die Universalisten stellen. Ihre Argumentationslinien unterscheiden sich durchaus. So unterschiedlich die Argumente im Detail aber auch sein mögen, das Ergebnis lautet immer: Eine grundlegende Änderung vor allem der Weltwirtschaftsordnung und eine tiefgreifende Umverteilung zugunsten der ärmeren Länder sind geboten.

Wer den partikularen Gemeinschaften den Vorrang einräumt, fragt anders: Wie lässt sich der Vorrang der Bin-

3 Dazu die Einleitung des Herausgebers zu Ballestrem 2001; auch der Beitrag Demuijnck ebd.

nenpflichten vor den grenzüberschreitenden Pflichten begründen? Welche grenzüberschreitenden Pflichten sind trotz dieses Vorrangs anzuerkennen? Sind es Pflichten der Völker und Staaten oder Pflichten auch der Individuen? Wie ist mit Kollisionen zwischen Binnenpflichten und grenzüberschreitenden Pflichten umzugehen?

Alle diese Fragen stellen sich, wie wir im Folgenden sehen werden, auch dem, der nicht das Prinzip Gerechtigkeit, sondern die Idee des Gemeinwohls zum Ausgangspunkt seiner Überlegungen macht. Aber sie stellen sich anders. Gemeinwohl ist ein anderes normatives Konzept als Gerechtigkeit. Gerechtigkeit ist die strengere, unbedingtere Kategorie, Gemeinwohl die offenere, unbestimmtere, aber auch die inhaltlich weitere. Gerechtigkeit nimmt den einzelnen mit dem, was ihm zusteht, in den Blick, Gemeinwohl das Gemeinwesen als Ganzes, mag dieses Ganze auch durchaus als Bürgergemeinschaft verstanden werden. Gerechtigkeit wird primär in Ansprüchen von Individuen gegen das Gemeinwesen oder andere Individuen ausbuchstabiert, Gemeinwohl in Pflichten, die die Bürger eines Gemeinwesens gegeneinander haben. Die beiden Perspektiven stehen nicht gegeneinander. Sie stehen eher für unterschiedliche Wege, sich den gleichen Fragen zu nähern. Was auf dem einen oder dem anderen Weg an Erkenntnis zu gewinnen ist, kann sich nur zeigen, wenn man ihn geht. Für unsere Überlegungen jedenfalls ist das Gemeinwohl die Leitkategorie.

Das monadische Gemeinwohlverständnis der Vergangenheit verfehlt, wie wir gesehen haben, die Welt, in der wir leben, so offensichtlich, dass sich als Startpunkt dieser Überlegungen die Frage aufdrängt: Ist es an der Zeit, in einer radikalen Antithese an die Stelle des partikularen Gemeinwohlverständnisses der Tradition ein konsequent universales zu setzen? Das Gemeinwohl, das wäre die Kernbotschaft einer solchen radikalen Antithese, ist schlüssig jedenfalls im 21. Jahrhundert nur noch als Menschheitswohl zu denken. Das wäre nicht ganz neu. Die Formel vom *bonum commune humanitatis* findet sich schon in der spanischen Spätscholastik, bei Suarez etwa.[4] Das Gemeinwohl der partikularen Gemeinwesen, in denen uns die Menschheit politisch entgegentritt, das Gemeinwohl der Staaten und Völker, muss dann jeweils als Teil, als Bruchstück des großen Ganzen verstanden werden, als dem Menschheitswohl nachgeordnet und verpflichtet. Unleugbar hat dieser Gedanke etwas Faszinierendes. In den Menschheitsgütern, von denen noch genauer die Rede sein muss, sind die Bedingungen des Fortlebens der Menschheit benannt. Ist es nicht selbstverständlich, ihnen in allen Gemeinwohlüberlegungen den Primat einzuräumen? Ist es nicht selbstverständlich, alle partikularen Gemeinwohlsubjekte auf diesen Primat zu verpflichten? Und lassen sich nicht auch alle Gemeinwohlkollisionen, die aus dem Nebeneinander vieler partikularer Gemeinwohlsubjekte entstehen, von diesem Primat her überzeugend schlichten?

Auf den ersten Blick sprechen gute Gründe für einen solchen Sprung des Gemeinwohldenkens in ein anderes Zeitalter. Dem zweiten, genaueren Blick allerdings zeigt sich: Dieser Sprung löst nicht nur Probleme, er schafft auch neue, die weder theoretisch noch praktisch befriedigend lösbar sind. Und die, die er löst, lassen sich auch anders lösen.

Ein konsequent menschheitliches Verständnis des Gemeinwohls würde bedeuten, dass wir das Gemeinwohl keinem verantwortlichen politischen Subjekt mehr zuordnen könnten. Handfester formuliert: Wenn jeder, wie

4 Verdross 1969, S. 812.

es eine universalistische Gemeinwohlkonzeption letztlich postuliert, für alles verantwortlich ist, kann niemand mehr für irgendetwas verantwortlich gemacht werden. Dass die Tradition in der Idee des Gemeinwohls immer ein gemeinwohlfähiges Gemeinwesen mitgedacht hat, ist denn auch alles andere als ein Zufall. Der Zusammenhang ist sachlogisch begründet. Wenn anders der verpflichtende Anspruch der Gemeinwohlidee nicht ins Leere zielen soll, setzt sie ein konkretes Gemeinwesen voraus, dem das Gemeinwohl aufgegeben ist.

Gemeinwohlfähig ist ein Gemeinwesen, das Gemeinwohlverantwortung handelnd wahrzunehmen vermag. Ob das dann auch geschieht, ist eine andere Frage. Es geht um die Verfasstheit, um die Bedingungen der Möglichkeit gemeinwohlorientierten Handelns. Die Menschheit kann, so wie die Dinge liegen, die Gemeinwohlverantwortung für die Menschheitsgüter nicht handelnd wahrnehmen. Und daran wird sich in der absehbaren Zukunft auch nichts Grundlegendes ändern. Die Gemeinwohlverantwortung auch für diese Güter müssen, heißt das, letztlich die handlungsfähigen und eben deshalb gemeinwohlfähigen partikularen Gemeinwesen übernehmen. Zwar hat sich auch die Menschheit eine Art rudimentärer Verfassung gegeben, das Statut der Vereinten Nationen und die Statuten ihrer vielen Agenturen vor allem. Aber sie ist sehr weit entfernt von der Fähigkeit, Gemeinwohlverantwortung handelnd wahrzunehmen. Von den Möglichkeiten der Fortentwicklung dieser Verfassung wird noch die Rede sein. Sie zu nutzen, ist wichtig. Aber Entwicklungssprünge sind nicht zu erwarten. Zudem kostet die Fortentwicklung supranationaler Handlungsfähigkeit ihren Preis. Auch davon wird noch genauer die Rede sein müssen.

Ein zweites Argument: Ein menschheitlich konzipiertes Gemeinwohl könnte nur ein auf sehr wenige Essenzialia konzentriertes Gemeinwohl sein. Es könnte nur um die Überlebensbedingungen der Menschheit insgesamt und globale Verteilungsgerechtigkeit im elementarsten Sinn gehen. So grundlegend der Rang dieser Menschheitsgemeingüter ist, sie bilden nur die Grundelemente dessen, was wir als das Gemeinwohl eines Gemeinwesens verstehen. Gemeinwohl ist ein integrales Konzept. Die Rede vom ›Gemeinwohl‹, heißt das, meint das Wohl eines Gemeinwesens in allen für seine Befindlichkeit bedeutsamen Aspekten. Will man nicht der Idee weitgehend ihre Substanz nehmen, kann man das Gemeinwohl der vielen partikularen Gemeinwesen, in denen uns die Menschheit real begegnet, deshalb nicht einfach als Ausprägung oder Anreicherung des einen Menschheitswohles verstehen. Vielmehr tritt uns in diesen Gemeinwesen die Vielgestaltigkeit des Partikularen in ihrem eigenen Recht entgegen. Etwas anders formuliert: Die Idee eines deduktiv zu entfaltenden Menschheitsgemeinwohls lässt nicht genug Raum für die Vielfalt der Möglichkeiten, in denen sich menschliches Gemeinschaftsleben entfalten kann und soll. In den Debatten über globale Gerechtigkeit begegnet uns dieser Gedanke in Gestalt des Argumentes, dass das Selbstbestimmungsrecht partikularer Gemeinschaften unabdingbar sei, weil die Vorstellungen von dem, was eine gerechte Ordnung ist, gemeinschaftsspezifisch, also unterschiedlich seien.[5]

Die konsequente Umstellung auf das Postulat eines menschheitlichen Gemeinwohls verfehlt, um noch ein drittes Argument anzuführen, auch die konzeptionellen Anforderungen, die an die Gemeinwohlidee gestellt werden müssen, wenn sie dem kritischen Angriff der Moderne standhalten soll. Gemeinwohl, das war das Ergebnis der Überlegungen des ersten Kapitels, ist unter den

5 Miller 2001, S. 89.

von der Moderne vorgegebenen Bedingungen nur noch als regulative Idee denkbar. Die regulative Idee entfaltet ihre Wirkung in einem, so unsere Formulierung, normativ gerahmten Diskursraum, in dem alle Politik auf den Prüfstand gestellt werden kann. Die normative Rahmung des Raumes der diskursiven Suche nach dem allgemeinen Besten haben wir dann jedenfalls für die Demokratie etwas genauer beschrieben. Aus diesen Überlegungen der ersten beiden Kapitel folgt, dass die Idee des Gemeinwohls unter den Bedingungen der weltanschaulichen Offenheit der Moderne eine Gemeinschaft voraussetzt, die Gemeinwohldiskurse zu führen imstande ist. Wieder geht es nur um die Bedingungen der Möglichkeit, mehr nicht. Für die Menschheit gilt das, wenn überhaupt, nur in einem ganz rudimentären Sinn. Auch diese Qualifikation des Gemeinwohlgedankens verweist also darauf, dass die Verknüpfung der Gemeinwohlidee mit der partikularen Organisation des Politischen, die für die Tradition immer ganz selbstverständlich war, nicht zufällig ist, sondern Gründe hat, die in der Sache liegen.

Wären die Einwendungen gegen ein konsequent universalistisch verstandenes Gemeinwohl hinfällig, wenn die Menschheit sich einen Weltstaat schüfe? Man mag – mit guten Gründen – einen Weltstaat für unmöglich halten und deshalb die Frage für überflüssig. Aber immerhin gibt es Plädoyers für einen Weltstaat, die, wenn auch politisch ins Utopische zielend, doch jedenfalls intellektuell ernst genommen werden müssen.[6] Die Antwort auf unsere Frage lautet dann: Mit einem Weltstaat, der – mit welchen Zuständigkeiten auch immer – wirklich die Handlungs-

6 Zu nennen ist hier etwa der Entwurf von Otfried Höffe 1999.

und Durchsetzungsfähigkeit eines Staates besitzt, mag tatsächlich ein Akteur die politische Bühne betreten, dem die Verantwortung für das Menschheitsgemeinwohl zugeordnet werden kann. Aber damit wäre nur der erste der drei Einwände aus der Welt geschafft. Die beiden anderen blieben bestehen.

Ganz unabhängig von ihnen wäre ja auch die Frage zu beantworten, ob ein Weltstaat – möglich oder nicht – zu wünschen ist. Sie hier gründlich zu erörtern, würde uns zu weit von unserem Pfad abführen. Aber zwei Dilemmata, die mit dem Weltstaatsgedanken unauflöslich verbunden sind, seien immerhin benannt.[7] Das eine: Jede Weltautorität muss, soll sie ihrer Bestimmung genügen können, in ihrem Zuständigkeitsbereich so stark sein, dass sie sich auch gegen die stärksten Staaten durchzusetzen vermag. Ist sie aber so stark, gibt es keine Gegenkraft, die sie daran hindern könnte, immer mehr Macht an sich zu ziehen. Das zweite: Ein Weltstaat könnte keine Demokratie sein; könnte es umso weniger sein, je mehr er die erste Bedingung – überlegene Durchsetzungsstärke – erfüllte; müsste es aber sein, um nicht zur Welttyrannei zu werden. Zwar lässt sich auch ein Weltstaat zumindest gedanklich formal nach den Regeln der Demokratie aufbauen – Höffe verfährt in seinem Plädoyer für den Weltstaat so.[8] Aber dass das globale Mammutgebilde mit seinen vielen Milliarden von Wählern, seiner nicht mehr überschaubaren Sprachenvielfalt, seinen extremen Distanzen zwischen den Welt-Bürgern und ihren politischen Organen auch nur noch entfernt dem ähnlich wäre, was wir unter gelebter Demokratie verstehen, kann man nicht ernstlich erwarten. So ist es denn auch nicht überraschend, dass selbst unter denen, für die

7 Kielmansegg 2018.
8 Siehe Anm. 6, Kap. 10.

Gerechtigkeit primär ein Menschheitspostulat ist, die Idee eines Weltstaates auf Widerspruch stößt.[9]

Das Stichwort Demokratie führt uns zurück zu dem Gedanken, dass es einen besonderen, demokratiespezifisch begründeten normativen Universalismus gibt. Von ihm war in der Auseinandersetzung mit der monadischen Tradition des Gemeinwohldenkens schon die Rede. Er mündet nicht notwendig in das Postulat eines konsequent menschheitlich verstandenen Gemeinwohls und schon gar nicht in das eines Weltstaates ein. Seiner Logik entspricht eine andere Maxime: Alle von einer Entscheidung Betroffenen haben das gleiche Recht auf Berücksichtigung ihres Wohls. Das anzustrebende Gemeinwohl ist deshalb immer das Wohl jener Gesamtheit, die jeweils die Folgen einer bestimmten Entscheidung zu tragen hat. Das mögen wenige, das mögen viele sein, gelegentlich – eher selten – mag auch die ganze Menschheit betroffen sein. Jedenfalls aber kann die so bestimmte Gemeinwohlpflicht nicht ein für alle Mal auf ein territorial definiertes Gemeinwesen mit seinen festen Grenzen bezogen sein. Im Übrigen folgt, das ist für die Demokratie zentral, aus der Betroffenheit nicht nur die Zugehörigkeit zur Gemeinwohlgemeinschaft, sondern auch das Recht der Mitentscheidung über das Gemeinwohl.

Robert Dahl lässt in seinen schon mehrfach herangezogenen Reflexionen über das Gemeinwohl in der Demokratie in einem der Streitgespräche, in die er seine Überlegungen gern kleidet, einen Protagonisten dieses

9 Das gilt etwa für Martha Nussbaum ([3]2016) und Jürgen Habermas ([3]2016). Auch Schmitt-Egner (2015, Abschnitt 3.7) plädiert für ein globales Verständnis des Gemeinwohls, ohne einen Weltstaat für notwendig zu erklären.

demokratiespezifischen universalistischen Gemeinwohlverständnisses auftreten.[10] Es sei unmoralisch, argumentiert dieser Protagonist, Personen, die nicht Bürger des betreffenden Landes seien, von der Mitwirkung an Entscheidungen, die sie mit betreffen, auszuschließen. So zwingend dieser Schluss sich gibt und in gewisser Weise ist, es ist evident, dass er ins politische Niemandsland führt. Die Forderung, Gemeinwohlgemeinschaften und daraus folgend politische Entscheidungsgemeinschaften so zu konzipieren, dass sie die jeweils Betroffenen umfassen, hebt alle territorial gebundene politische Ordnung auf, ohne auch nur anzudeuten, welche anderen Strukturen ihre Aufgaben übernehmen könnten. Es gibt da auch gar nichts anzudeuten, weil das Betroffenheitskriterium in konsequenter Anwendung institutionelle politische Strukturen überhaupt nicht zulässt. Es löst sie auf, indem es postuliert, dass sie für jede Entscheidung neu geschaffen werden müssten. Wir haben es hier mit einer jener Logiken zu tun, die sich selbst ad absurdum führen.

Die Präzisierung, es könne sich nur um die handeln, die *significantly affected* seien[11], hilft keinen Schritt weiter. Selbst wenn, bezogen auf eine bestimmte politische Entscheidung, eindeutig zu identifizieren wäre, wer *significantly affected* ist, ließe das ganz und gar fluide Betroffenheitskriterium politische Strukturen mit einem Minimum an Stabilität nicht zu. Dahl lässt seine Diskutanten das Streitgespräch zur Frage »Wessen Wohl ist das Gemeinwohl?« denn auch nach längerem Wortgefecht ergebnislos abbrechen. Die aus der Demokratieprämisse schlüssig hergeleitete Folgerung, alle Betroffenen seien an politischen Entscheidungsprozessen mit gleichen Rechten zu beteiligen, sei, so das Fazit, unter

10 Dahl 1989, S. 291 ff.
11 Ebd., S. 293.

praktischen Gesichtspunkten eine »Nicht-Lösung«.[12] Es wird angedeutet, dass es eine Lösung nicht gibt.

Die weiteren Überlegungen haben also von einem klaren Befund auszugehen: Eine konsequent universalistische Umdeutung des Gemeinwohls ist ebenso wirklichkeitsfremd wie der monadische Partikularismus der Tradition. Das Gebot der Vernunft ist offenbar, das traditionelle Gemeinwohldenken universalistisch zu öffnen, ohne dabei in einen radikalen Universalismus abzugleiten. Wer sich daran versucht, tut gut daran, sich zunächst noch einmal, in einer Art von kurzem Exkurs, der prinzipiellen Legitimität des Partikularen im Bereich der Politik zu versichern, jedenfalls einer demokratisch verfassten Politik. Die Begründung der universalistischen Öffnung ist dann der zweite Argumentationsschritt.

Wer mit Blick auf die Demokratie für die Legitimität des Partikularen im Bereich der Politik plädiert, kann an die alte Diskussion über die richtige Größe eines demokratischen Gemeinwesens anknüpfen.[13] Lange Zeit folgte sie ganz selbstverständlich den griechischen Autoritäten, die sich nur die Polis als Demokratie vorstellen konnten. Bis ins 18. Jahrhundert galt, kaum infrage gestellt, das Dogma, nur kleinräumige Gemeinwesen könnten demokratisch verfasst sein. Die Begründung war einfach: Demokratie hieß Versammlungsdemokratie nach dem Muster des griechischen Stadtstaates. Und Versammlungsdemokratie ist dadurch definiert, dass sich das Volk buchstäblich auf dem Marktplatz versammelt. Die Gründung der Vereinigten Staaten im späten 18. Jahrhundert wurde von den Verfassungsvätern vor allem deshalb als ein weltgeschichtliches

12 Ebd.
13 Dazu Jörke 2019, Kap. 2.

Ereignis gefeiert, weil dieser neue repräsentativ-demokratisch verfasste Bundesstaat, so die Erwartung, den Beweis dafür liefern werde, dass *popular government* auch in Großräumen verwirklicht werden könne.

Die Geschichte der modernen Demokratie hat diese Erwartung in gewisser Weise bestätigt. Aber das alte Thema ist damit nicht aus der Welt. Die USA, Kanada, Australien sind bundesstaatlich verfasste Demokratien von kontinentalen Ausmaßen; Indien ist eine Demokratie mit einer Milliardenbevölkerung. Die repräsentative Demokratie kann in der Tat auch in großen Räumen praktiziert werden. Aber das heißt nicht, dass in der Vermutung, Demokratie sei an Kleinräumigkeit gebunden, nicht ein wahrer Kern steckte. Robert Dahl und Edward Tufte haben vor Jahrzehnten schon die Antinomie herausgearbeitet, mit der die Demokratie zu kämpfen hat: je kleiner, desto wirksamer die politische Mitwirkung des Einzelnen, je größer, desto effizienter das demokratische Regieren, weil ein größeres Gemeinwesen mehr Entscheidungsmaterien unter eigener Kontrolle hat als ein kleines.[14] Ein Optimum lässt sich aus dieser Spannung nicht deduzieren, wohl aber die Notwendigkeit abzuwägen – wenn es denn, wird man hinzufügen müssen, überhaupt Entscheidungsspielräume gibt. In der Regel sind es ja in jedem Einzelfall historische Vorgegebenheiten, die über die Größe der Demokratie entscheiden. Dirk Jörke hat, fast 50 Jahre nach Dahl/Tufte, das Thema an einem Fall durchdekliniert, in dem ähnlich wie bei der Gründung der Vereinigten Staaten von Amerika in der Tat Entscheidungsspielraum gegeben ist: dem Fall der Europäischen Union nämlich.[15] Und ist zu dem Ergebnis gekommen, dass die EU zu groß ist, um Demokra-

14 Dahl/Tufte 1973.
15 Jörke 2019.

tie werden zu können. Auch Dahl hat übrigens die Frage, ob internationale Organisationen – er hatte vor allem die globalen Organisationen im Blick – demokratisch verfasst sein können, ausdrücklich verneint.[16]

Der wahre Kern des alten Dogmas ist dieser: Demokratien sind notwendig begrenzte politische Gebilde, weil eine Vielzahl von Menschen sich nur selbst regieren kann, wenn sie sich als ein Volk im politischen Sinn, als Demos wahrnimmt; wenn, heißt das, diese Vielzahl durch ein elementares Bewusstsein politischer Zusammengehörigkeit zusammengehalten wird, durch ein politisches Wir-Bewusstsein.[17] Eine belastbare kollektive Identität aber kann sich nur innerhalb von Grenzen, räumlichen oder anderen, ausbilden.[18] Das ›Wir‹ setzt immer ein Gegenüber, ein Außerhalb, ein ›Ihr‹ voraus. Zugehörigkeit und Nicht-Zugehörigkeit bedingen einander.

Warum braucht Demokratie ein Wir-Bewusstsein seiner Bürger? Die für die Praxis der Selbstregierung konstitutive Bereitschaft der jeweils Unterliegenden, die Entscheidungen der Mehrheit gewohnheitsmäßig anzuerkennen, hat Voraussetzungen, die ohne ein solches Bewusstsein nicht verlässlich gegeben sind. Das gilt genauso für die habituelle

16 Dahl 1999.

17 So auch Fuchs 2002, S. 95. Zum Stichwort ›Wir-Bewusstsein‹ Tietz 2002. Der Gedanke, dass starke Solidaritätspflichten ein durch ein Bewusstsein der Zusammengehörigkeit getragenes Gemeinwesen voraussetzen, findet sich natürlich vor allem bei Autoren, die dem Kommunitarismus nahestehenden, wie Taylor (1993), Miller (³2016), Nagel (³2016). Taylor beschreibt das politische Wir-Bewusstsein, um das es hier geht, als »Treue zu einer bestimmten historischen Gemeinschaft« (S. 123). Der so definierte Patriotismus ist für ihn eine Voraussetzung für die Lebensfähigkeit einer Republik (S. 110).

18 Zur Bedeutung von Grenzen di Fabio 2001, Abschnitt C; Koller 2001; Isensee 2018.

Bereitschaft zur Solidarität, politisch regulierte – nicht nur freiwillige – Solidarität, auf die der mit der Demokratie symbiotisch verbundene umverteilende Sozialstaat sich gründet. Auch diese Bereitschaft ist nicht voraussetzungslos. Sie hat Grenzen. Biologie und Anthropologie sagen uns, dass sie in den engsten Lebensgemeinschaften groß ist, mit wachsender Distanz aber stetig abnimmt.[19] Das sind Prägungen der Evolution, die nicht beliebig zur Disposition der Politik stehen. Gewiss: Der Mensch ist unter besonderen Bedingungen auch zur Solidarität mit dem Fernsten fähig. Aber selbst die wirksamste kulturelle Überformung der evolutionären Prägung kann die Fernbereichssolidarität nicht allgemein auf das Niveau der Nahbereichssolidarität heben und ihr die Verlässlichkeit der Solidarität der Nähe verleihen.[20]

Nationen sind aus dieser Perspektive erstaunliche Gebilde, Großkollektive nämlich, die sich, obwohl keine Nahgemeinschaften mehr, zu einigermaßen verlässlichen Solidargemeinschaften ausgebildet haben. Das ist offensichtlich nur in langen historischen Prozessen möglich, in denen prägende gemeinsame und verbindende Erfahrungen gemacht werden. Kulturelle Gemeinsamkeiten, zuerst und

19 Gierer 2002.

20 Ein eindringliches Plädoyer für die Weiterentwicklung der überkommenen Kleingruppen-Moral zur Menschheits-Moral hat Tine Stein (2019) formuliert. Sie beruft sich dabei auf Habermas. Beim späten Habermas ([3]2016) ist trotz entschieden universalistischer Grundtendenz freilich zu lesen, staatsbürgerliche Solidarität könne nicht beliebig über die Grenzen des Nationalstaates hinaus erweitert werden (S. 396). Die Solidarität von Staatsbürgern beruhe auf starken ethischen Wertungen und Praktiken einer gemeinsamen politischen Kultur und Lebensform (ebd. S. 400). Steins Fazit lautet, etwas überraschend, dann aber ähnlich: Es komme auf eine Balance zwischen Menschheitssolidarität und partikularer Bürgersolidarität an.

vor allem die Gemeinsamkeit der Sprache, müssen sich mit gemeinsam erfahrener Geschichte verbinden. Wie schwierig es ist, solche Entwicklungen politisch zu beschleunigen, führt uns die Geschichte der Europäischen Union vor Augen. Eine dem Nationalstaat vergleichbare Solidargemeinschaft ist diese Union in dem Dreivierteljahrhundert, das seit ihren Anfängen vergangen ist, auch nicht näherungsweise geworden.

Begrenztheit als Voraussetzung für die Ausbildung einer eigenen Identität des Gemeinwesens, nicht geringe Größe als solche scheint also eine der wesentlichen Bedingungen der Möglichkeit von Demokratie zu sein. Begrenztheit auch in dem Sinn, dass Demokratien nicht beliebige Heterogenität verarbeiten können. Das ist, man mag dazu stehen wie man will, eine Erfahrung, die es zur Kenntnis zu nehmen gilt. Größe kann ein vermittelnder Faktor sein, insofern mit Größe wenn nicht notwendig so doch oft andere Gegebenheiten einhergehen, die der Ausbildung eines politischen Wir-Bewusstseins entgegenwirken. Ganz unmittelbar beeinflusst Größe die Chancen der aktiven bürgerschaftlichen Teilnahme an der Selbstregierung: Je kleiner das Gemeinwesen desto wirksamer die Teilnahme.

Die Legitimität des Umgrenzten bestätigt sich noch einmal, wenn wir die ergänzende Frage stellen, unter welchen Bedingungen Demokratie Gemeinwohlgemeinschaft sein kann. Wir brauchen nur in Erinnerung zu rufen, was wir über die Bedingungen der Gemeinwohlfähigkeit eines Gemeinwesens im Allgemeinen gesagt haben: Das demokratisch verfasste Gemeinwesen muss handlungsfähig sein, handlungsfähig nach seinen Regeln, den Regeln der Demokratie. Und es muss diskursfähig sein, wiederum nach seinen Regeln. Beides ist ohne Begrenzung nicht denkbar. Diskursfähig in Sachen Gemeinwohl wird eine Gemeinschaft erst durch ein Band geteilter Grundüberzeugungen, die es möglich machen, die streitige Suche nach dem Gemeinwohl als gemeinsame Aufgabe zu verstehen und anzugehen. Ohne eine über Selbstverständlichkeiten hinausgehende verbindende Vorstellung davon, welches die für die eigene Gemeinschaft bedeutsamen Gemeinwohlgüter sind, von ihrem Rang und ihrer Wertigkeit, sind sinnvolle politische Diskurse über das Gemeinwohl nicht möglich. Schließlich: Begrenzung ist eine Voraussetzung auch dafür, dass sich Gemeinsinn entwickeln kann, wie ihn jede Gemeinwohlgemeinschaft braucht, die demokratisch verfasste ganz besonders.[21] Gemeinsinn ist mehr als Diskursfähigkeit: die Einsicht in die eigene Mitverantwortlichkeit für das Wohl des Ganzen nämlich, zumindest in einem elementaren Sinn. Diese Einsicht erwächst nicht zuletzt aus der Erfahrung gemeinsamer Betroffenheit, der Erfahrung des Aufeinander-Angewiesen-Seins, natürlich auch dem Erlebnis, tatsächlich etwas, wie auch immer, zum allgemeinen Wohl beitragen zu können. Sie setzt Zugehörigkeit voraus. Und Zugehörigkeit gibt es nur, wo es auch Nicht-Zugehörigkeit gibt.

Das Fazit unserer Überlegungen ist eindeutig: Das begrenzte Gemeinwesen, das eine eigene Identität auszubilden vermag, ist der primäre Raum der Politik, nicht nur, aber vor allem auch der demokratisch verfassten Politik. Und damit auch der Raum, auf den das Maß der Politik in Gestalt der Gemeinwohlidee primär bezogen

21 Mit dem Thema Gemeinsinn beschäftigen sich fast alle Beiträge in Münkler/Bluhm/Fischer 2001/02, Bd. IV, insbes. auch die Einleitung der Herausgeber. Besonders hinzuweisen ist auf den Beitrag von Schmalz-Bruns, der zeigen will, dass Gemeinsinn sich aus seiner Bindung an eine begrenzte Gemeinschaft wie die Nation löst oder jedenfalls lösen kann. Seine Argumentation bleibt freilich sehr abstrakt. Zur Empirie des Gemeinsinns Putnam 2001.

ist.[22] Aber die Suche nach einer Antwort auf die Frage »Wessen Wohl?« darf bei diesem Fazit nicht stehen bleiben. Weil die begrenzten Gemeinwohlgemeinschaften nicht in einer universalen Gemeinwohlgemeinschaft, der Menschheit, aufgehen können und aufgehen werden, müssen sie lernen, über ihre Grenzen hinauszudenken, ohne dabei sich selbst aufzugeben. Die fortdauernde Legitimität eines Gemeinwohldenkens und einer Gemeinwohlpraxis, die Staaten auch in der Welt des 21. Jahrhunderts als die primären politischen Gemeinwohlgemeinschaften begreifen, hängt daran, dass die Staaten sich dazu entschließen, ihre über die eigenen Grenzen hinausweisende Verantwortung ernst zu nehmen. Ob diese Verknüpfung des Partikularen mit dem Universellen gelingt, ist eine Schicksalsfrage.

Worauf erstreckt sich die grenzüberschreitende Verantwortung der Staaten?[23] Zuerst und vor allem auf die Menschheitsgüter. Menschheitsgüter erster Ordnung sind die Güter, die für eine katastrophenfreie Zukunft der Menschheit essenziell sind. Sie können in der Regel nur durch gemeinsame, menschheitliche Anstrengungen gesichert werden. Weil es so ist, schuldet jede partikulare Gemeinwohlgemeinschaft nicht nur sich selbst, sondern eben der Menschheit, insbesondere auch der Menschheit der Zukunft, ihre Mitwirkung an diesen Anstrengungen.

An erster Stelle wird in der Regel das Menschheitsgut Frieden genannt. In der zweiten Hälfte des 20. Jahrhunderts hieß Frieden vor allem Verhinderung eines nuklearen Krieges zwischen Ost und West. Dieser Frieden war in der Tat ein Menschheitsgut, weil ein Atomkrieg zwischen Ost

22 Münkler/Bluhm (2001, S. 15) sprechen ausdrücklich vom Gemeinwohl als einem »partikularistischen Konzept«.

23 Zum Folgenden Anderheiden 2006, Kap. 22.

und West das zivilisierte Überleben der Menschheit gefährdet hätte. Der nukleare Frieden bleibt auch nach dem Ende des Ost-West-Konfliktes ein Menschheitsgut. Aber gilt das auch für regionale Konflikte? Und gilt es für Binnenkonflikte, die immer mehr zum Haupttypus bewaffneter Auseinandersetzungen geworden sind? Alle Erfahrungen der letzten Jahrzehnte legen es nahe, diese Frage zu bejahen. Auch regionale kriegerische Konflikte treffen in ihren Auswirkungen die Weltgemeinschaft. Die Ukraine ist ein dramatisches Beispiel. Für Bürgerkriege gilt nichts anderes. Syrien hat es jedermann gezeigt. Nicht nur die Bewahrung des Friedens, auch die Bewahrung des Binnenfriedens ist deshalb eine Gemeinwohlpflicht, die jedes Gemeinwesen gegenüber jedem anderen Gemeinwesen hat.

Mit den Menschenrechten verhält es sich im Kontext unserer Überlegungen nicht so einfach. Auch sie werden als Menschheitsgut, Menschheitsaufgabe, Menschheitsverpflichtung oft vorrangig genannt. Aber jede Argumentation, die die Menschenrechte ins Spiel bringt, wirft die Frage auf: Welches Recht ist ein Menschenrecht?[24] Wird nicht täglich von irgendjemandem ein neues Menschenrecht proklamiert? Allgemeine Anerkennung wird allenfalls ein für die menschliche Existenz essenziell bedeutsamer Kernbestand finden. Ist sie gegeben, kann die massenhafte Missachtung solcher Rechte tatsächlich als Verletzung eines Menschheitsgutes verstanden werden. Damit ist aber die Frage, auf die es in unserem Zusammenhang ankommt,

24 Für Seyla Benhabib ([3]2016, S. 407) etwa ist das Recht auf Selbstbestimmung das zentrale Menschenrecht. Das hieße dann, dass es einen menschenrechtlichen Anspruch auf eine demokratische Verfassung gibt. Aber was folgt daraus für den Umgang der dem Menschheitsgut Demokratie verpflichteten Demokratien mit Nicht-Demokratien? Interventionen steht Benhabib sehr skeptisch gegenüber (ebd. S. 436 f.).

noch nicht beantwortet: Welche Pflichten hat ein Gemeinwesen, wenn Menschenrechte jenseits der eigenen Grenzen verletzt werden? Unbedingten Vorrang vor legitimen partikularen Gemeinwohlinteressen haben diese Pflichten wohl nur, wenn, wo immer auf der Welt, die elementarsten Menschenrechte verletzt werden, durch Völkermord, systematische Folter, Versklavung. Auch in diesen Fällen ist zu bedenken, dass die Möglichkeiten des Handelns zum Schutz der Menschenrechte in anderen Ländern diesseits der Schwelle militärischen Eingreifens begrenzt sind. Die wichtigste Pflicht ist also wohl die, am Aufbau internationaler Institutionen mitzuwirken, die den weltweiten Schutz der Menschenrechte wirksamer zu machen vermögen.

In den Mittelpunkt der Aufmerksamkeit ist in den letzten Jahrzehnten das Menschheitsgut Umwelt gerückt; die Aufgabe also, die Zerstörung der Natur durch die Zivilisation aufzuhalten und die Bedingungen eines dauerhaften Miteinanders von nicht-menschlicher Natur und menschlicher Zivilisation zu schaffen. Menschheitsgüter in einem buchstäblichen Sinn sind die Menschheitsallmenden, die Atmosphäre und die Meere. Sie erleiden in immer dramatischerer Beschleunigung das altbekannte Allmendeschicksal. Wer Zugang zur Allmende hat, ist der Versuchung ausgesetzt, sie ohne Rücksicht auf die langfristigen Folgen, die alle zu tragen haben, um des eigenen Vorteils willen auszubeuten. Und genau das geschieht. Lange Zeit, ohne dass man die Folgen klar vor Augen hatte. Inzwischen kann man wissen, was man tut. Man weiß, um nur die derzeit größte Menschheitssorge zu nennen, dass die Ausbeutung der Atmosphäre eine existenziell bedrohliche Erwärmung zur Folge hat. Während sich bei den Menschheitsallmenden beobachten lässt, dass das Bewusstsein der Staaten oder doch vieler Staaten, eine gemeinsame Verantwortung zu tragen, langsam wächst, hat dieser Prozess bei den landgebundenen Menschheitsgütern, jenen Menschheitsgütern also, die, wenn man von der Antarktis absieht, einzelstaatlicher Verfügungsgewalt unterliegen, noch kaum begonnen. Die tropischen Regenwälder sind, weil sie für das globale Klima und für die Artenvielfalt Schlüsselbedeutung haben, ein solches landgebundenes Menschheitsgut. Überlebensbedeutsame landgebundene Rohstoffe sind es. Aber noch behauptet sich der Standpunkt »Der Amazonas gehört uns« mit großer und grober Selbstverständlichkeit.

Für die Konflikte zwischen partikularen Gemeinwohlinteressen und der Pflicht, Menschheitsgüter zu schützen, gilt grundsätzlich: Je essenzieller Menschheitsgüter für eine katastrophenfreie Zukunft der Menschheit als Ganzer sind, desto mehr müssen partikulare Gemeinwohlinteressen zurücktreten.

Von den Menschheitsgütern ersten Ranges mag man die Menschheitsgüter zweiten Ranges unterscheiden, das gemeinsame Interesse an Infrastrukturen etwa für den globalen Verkehr, die globale Kommunikation, den globalen Gesundheitsschutz, auch an Regeln für eine faire Weltwirtschaft. Hier ist oft ein Eigeninteresse der Staaten, das gemeinsame Interesse zu befördern, wirksam. Konflikte zwischen partikularen Gemeinwohlbelangen und globalen Bedürfnissen sind seltener.

Als zweites Feld der Weltverantwortung hatten wir die extrem ungleiche globale Verteilung von lebensbedeutsamen Gütern genannt, die Kluft, einfacher ausgedrückt, zwischen reichen und armen Ländern.[25] Welche Ausgleichspflichten ergeben sich aus dieser Ungleichheit? In unserer Begrifflichkeit gefragt: In welchem Verhältnis stehen

25 Diese Ungleichheit ist das zentrale Thema der Debatte über globale Gerechtigkeit.

die Gemeinwohlpflicht eines Gemeinwesens und seine Weltverantwortung zueinander? Es versteht sich von selbst, dass Universalisten und Kommunitaristen, so wie wir ihre gegensätzlichen Positionen eingangs beschrieben haben, unterschiedliche Antworten auf diese Frage geben. Aber doch nicht in der Art, dass die einen eine Gleichverteilung der lebensbedeutsamen Güter weltweit für geboten erklärten und die anderen Ausgleichspflichten überhaupt nicht anerkennten. Strittig ist das Maß der Ausgleichspflicht. Dahinter steht die Frage, ob es einen qualitativen Unterschied zwischen den Solidaritätspflichten innerhalb eines Gemeinwesens und den Ausgleichspflichten zwischen verschiedenen Gemeinwesen gibt.[26]

Unstreitig sind die elementaren humanitären Beistandspflichten, die sich aus der Gemeinsamkeit des Mensch-Seins ergeben, Katastrophenhilfe etwa, bei denen sich ja auch immer wieder zeigt, dass Menschen sich mitmenschlicher Verpflichtungen bewusst sind. Aber was ist über die humanitären Elementarpflichten hinaus geboten?

Offensichtlich ist, dass Ausgleichspflichten entstehen, wenn ein Gemeinwesen seinen Wohlstand, sein Gemeinwohl zumindest partiell der Ausbeutung anderer Gemeinwesen verdankt. Wann wir es mit Ausbeutung zu tun haben, ist nicht immer leicht zu entscheiden. Vergangenheit kann in Gestalt früherer Kolonialherrschaft, die der Kolonie Entwicklungschancen genommen hat, im Spiel sein. Abhängigkeiten, die aus gegenwärtigen Machtasymmetrien entstehen, können zu Ausbeutung führen. Auch das Regelsystem der Weltwirtschaftsordnung kann Ausbeutung der Schwachen durch die Starken begünstigen.[27]

26 Dazu Broszies/Hahn ³2016, Einleitung der Herausgeber.

27 Die Skizze einer gerechten Weltwirtschaftsordnung findet sich bei Höffe 1999, Kapitel 15. Ein extremes Urteil über die bestehen-

Immer geht es darum, dass die einen auf Kosten der anderen gewinnen, ohne dass dieses Ergebnis durch Regeln gerechtfertigt wäre, die allen Beteiligten als fair zugemutet werden können.

Dass die einen reich und die anderen arm sind, ist für sich genommen noch kein Beleg für Ausbeutung. Die Eigenverantwortung eines jeden Gemeinwesens für sein Gemeinwohl muss ernst genommen werden. Sie hinter einer globalen Verantwortlichkeit aller für alles oder der reichen für die armen Länder verschwinden zu lassen, wäre nicht nur aus praktischen Gründen unsinnig. Es würde damit der Anspruch eines Gemeinwesens, überhaupt als ein solches respektiert zu werden, außer Kraft gesetzt. Dieser Anspruch setzt voraus, dass man Verantwortung für sich selbst übernimmt. Viele arme Länder werden zuerst von ihren eigenen regierenden Eliten ausgebeutet. Hilfe von außen kann wenig bewirken, wenn sie im Lande selbst keine gemeinwohlorientierten Eliten als Partner findet. Nicht nur die Hilfspflichten sind begrenzt, heißt das, sondern oft auch die Möglichkeiten zu helfen. Dass es Grenzen der Ausgleichspflichten gibt, bedeutet im Übrigen nicht, dass Transfers nicht aus guten Gründen der praktischen Vernunft über die Pflicht hinaus geboten sein können.

de Weltwirtschaftsordnung fällt Thomas Pogge ([3]2016). Er spricht davon, dass die, die die Regeln der Weltwirtschaftsordnung ausgehandelt haben, ein gigantisches Verbrechen gegen die Menschlichkeit begangen hätten (S. 295). Davon, dass die armen Länder für ihre Armut jedenfalls mitverantwortlich sein könnten, will er nichts wissen. Überzeugender ist der Gedanke von Iris Young ([3]2016, S. 346 ff.), dass es strukturelle Ungerechtigkeiten gibt, die niemandem, weder Staaten noch Individuen, als Schuld zugerechnet werden können, für die man aber unter bestimmten Voraussetzungen Verantwortung übernehmen muss.

Es überrascht natürlich nicht, dass alle Universalisten für sehr weitgehende Ausgleichspflichten der reichen gegenüber den armen Ländern plädieren. Sie führen unterschiedliche Gründe für diese Pflichten an:[28] Sie nennen das gleiche Recht eines jeden Menschen auf die Anerkennung seiner Würde und, daraus folgend, auf bestimmte Lebensbedingungen. Sie verweisen darauf, dass die Menschheit jedenfalls des 21. Jahrhunderts aufgrund eines dichten Netzes weltweiter Verflechtungen als eine Assoziation begriffen werden müsse, die folgerichtig auch assoziative Verpflichtungen hervorbringe. Sie machen geltend, dass die reichen Länder den armen Unrecht getan hätten oder Unrecht täten und deshalb zur Wiedergutmachung verpflichtet seien. Sie bringen vor, dass bestimmte krasse Ungleichheiten durch kein vernünftiges Argument gerechtfertigt werden könnten, ganz unabhängig davon, ob die Verantwortung für die herrschenden Verhältnisse irgendjemandem zugeschrieben werden könne.

Bei vielen universalistischen Plädoyers für eine weitreichende globale Umverteilung fällt auf, dass sie sich wenig dafür interessieren, ob und inwieweit die armen Länder selbst durch Misswirtschaft vielfältigster Art zur eigenen Armut beitragen, oder die Verantwortung selbst für solche Misswirtschaft den reichen Ländern zuweisen. Auffallend ist auch, dass die Frage, welche Voraussetzungen im Lande selbst gegeben sein müssen, damit die geforderten massiven Transfers bewirken können, was sie bewirken sollen, selten gestellt wird. Und schließlich: Universalistische Argumentationen für eine umfassende, tiefgreifende globale Neuverteilung der lebensbedeutsamen Günter geben in der Regel keine Antwort auf die Frage, wie denn gesche-

28 Siehe die einschlägigen Beiträge in Broszies/Hahn ^{3}2016.

hen soll, was sie fordern, und wie die angestrebte gerechte Verteilung auf Dauer gestellt werden kann. Der Einwand, nur ein übermächtiger, bürokratisch organisierter Weltstaat könne, wenn überhaupt, dergleichen bewirken, liegt nahe.

Denkt man Weltverantwortung von der Vielzahl begrenzter, primär ihrem eigenen Gemeinwohl verpflichteter Gemeinwesen her – und das ist die Perspektive, die sich aus unseren vorangegangenen Überlegungen ergibt –, so ist klar, dass Weltverantwortung den Unterschied zwischen Innen und Außen nicht aufhebt. Die Gründe, die die Universalisten für eine weitreichende Umverteilung anführen, werden im Kern auch von vielen Kommunitaristen anerkannt. Aber die primäre Pflicht eines jeden Gemeinwesens gilt aus ihrer Sicht den eigenen Bürgern. Weltverantwortung kann nicht bedeuten, dass ein Gemeinwesen einfach in die Gemeinwohlpflicht eines anderen Gemeinwesens einzutreten hat. Für kein Gemeinwesen kann sich die Eigenverantwortung, die es trägt, einfach in Weltverantwortung, die andere zu tragen haben, auflösen.

Der einzelne Bürger ist durch die weltweiten Ausgleichspflichten, die sein Gemeinwesen treffen, vor allem indirekt gefordert: Er trägt als Bürger Mitverantwortung dafür, dass sein Gemeinwesen die ihm als Glied der Staatengemeinschaft obliegenden Pflichten erfüllen kann. Aber es bleibt aus kommunitaristischer Sicht dabei, dass er seinen Mitbürgern anderes schuldet als der Menschheit.[29] Seine Rechte und seine Pflichten seinen Mitbürgern gegenüber ergeben sich aus der Zugehörigkeit zu einer Assoziation, die das Miteinander derer, die ihr angehören, um-

29 Diesen Gedanken hat vor allem David Miller immer wieder zu entfalten und zu begründen unternommen: Miller 2001, 2007 und ³2016.

fassend gestaltet. Nur in einer solchen institutionalisierten Zusammengehörigkeit können die wechselseitige Rechte und Pflichten begründenden Beziehungen jene Intensität erreichen, die ein Gemeinwesen zu einem Gemeinwesen macht. Die Bedeutung, die der Bindung an und der Mitverantwortung für partikulare Gemeinschaften aus anthropologischer Sicht zukommt, braucht hier nur noch einmal in Erinnerung gerufen zu werden.

Unsere Restkategorie schließlich: die negativen externen Effekte der eigenen Politik, die nicht schon in den vorangegangenen Überlegungen erfasst sind. Sie gehören in ihrer Vielfalt zum Alltag der Politik. Sie können von jeder Regulierung des Marktzugangs und der Zuwanderung ebenso ausgehen wie vom Fernstraßenbau und der Steuergesetzgebung, von grenznahen Kernkraftwerken wie von der übermäßigen Nutzung des Wassers eines Stroms, der mehrere Länder durchfließt, an dessen Oberlauf.

Jeder Versuch, sich dieses Problemfeld anschaulich vor Augen zu führen, macht sichtbar, dass es einfache, schematische Antworten auf die Frage, was verantwortlicher Umgang mit negativen externen Effekten sei, nicht gibt. Jeder Fall, jede Konstellation verlangt andere Abwägungen. Um welche Belange der eigenen Gemeinwohlgemeinschaft geht es und welche Belange externer Betroffener stehen auf dem Spiel? Mit welchem Gewicht fallen die einen und die anderen in die Waagschale? Wie kommen wir zu Urteilen über Vorrangigkeit, Nachrangigkeit oder Gleichrangigkeit? Symmetrische Konstellationen machen die Abwägungen und damit die Entscheidungen schwieriger, deutliche Asymmetrien, in der einen wie der anderen Richtung, erleichtern sie. Die Abwägungen müssen keineswegs zu eindeutigen Ergebnissen führen. Dass die normative Ausgangsposition auch hier durchschlägt versteht sich von selbst. Das vierte Kapitel wird sich an einer solchen Abwägungsaufgabe beispielhaft versuchen.

Wie immer die über die eigenen Grenzen hinausweisende Weltverantwortung zu bestimmen sein mag, die Schlüsselfrage ist und bleibt: Wie ist es möglich, die Staaten, in denen die begrenzten Gemeinwohlgemeinschaften sich organisieren, dahin zu bringen, dass sie ihre grenzüberschreitenden Verantwortlichkeiten annehmen und ernst nehmen – ihre Mitverantwortlichkeit für die Bewahrung der Menschheitsgüter; ihre Mitverantwortlichkeit für die extrem ungleiche Güterverteilung in der Weltstaatengemeinschaft; ihre Verantwortlichkeit für negative externe Effekte ihres Handelns?[30] Der erste Gedanke richtet sich auf das Recht. Gemeinwohlgemeinschaften sind Rechtsgemeinschaften. Ein Gemeinwesen kodifiziert in der Rechtsordnung, die es sich gibt, die nach seinem Selbstverständnis elementaren Gemeinwohlbelange. So liegt der Schluss nahe, dass auch für das friedliche Neben- und vor allem Miteinander partikularer Gemeinwohlgemeinschaften eine Rechtsordnung unabdingbar ist. Kann die Völkerrechtsordnung eine solche Rechtsordnung werden? Jedenfalls kann sie trotz all ihrer Unvollkommenheiten als die einstweilen noch rudimentäre, aber in Entwicklung begriffene Kodifikation einer staatenübergreifenden Gemeinwohlidee verstanden werden.[31] Zwar gehört der Begriff des ›Gemeinwohls‹ nicht zum Vokabular des Völkerrechts. Auch das hat mit der monadischen Tradition des Gemeinwohlkonzeptes zu tun. Aber in der Theorie des

30 Zur Frage, wie das auf den Nationalstaat fixierte Gemeinwohldenken für weitere Horizonte geöffnet werden kann, Offe 2002.

31 Dazu Brugger 2002; Oeter 2002; Anderheiden 2006, Kap. 22; Gas 2012.

Völkerrechts geht es wesentlich um die Bestimmung der gemeinsamen Interessen der Staatengemeinschaft. Und das heißt: Der Sache nach ist das Völkerrecht damit beschäftigt, elementaren Gemeinwohlbelangen der Weltstaatengemeinschaft rechtliche Geltung zu verschaffen.

Dass die Völkerrechtsordnung, gemessen an ihrer Aufgabe, unfertig ist, ist offensichtlich. Aber sie ist nicht nur unfertig, sie ist auch in steter Entwicklung begriffen. Die Satzung der Vereinten Nationen schreibt den Frieden als wichtigstes globales Gemeinwohlziel fest. Das Klima, die natürlichen Lebensgrundlagen im Allgemeinen werden zunehmend Gegenstand völkerrechtlicher Schutzvereinbarungen. Es gibt Versuche, eine Weltwirtschaftsordnung rechtlich zu kodifizieren, die einigermaßen krisenfest ist und die Belange aller Beteiligten bedenkt. In der Summe kann man die einschlägigen Entwicklungen als einen fortschreitenden Konstitutionalisierungsprozess beschreiben, der freilich nicht alle relevanten Felder erfasst.[32] Ausgleichspflichten, die sich aus nicht zu rechtfertigenden Ungleichheiten in der globalen Verteilung lebensbedeutsamer Güter ergeben, haben noch keinen völkerrechtlichen Rang erreicht. Es gibt, um es auf eine einfache Formel zu bringen, keine völkerrechtliche Pflicht, Entwicklungshilfe zu leisten. Und selbst dort, wo das Völkerrecht Geländegewinne macht, gilt: Je mehr es sich müht, Kollektivgütern, die der Staatenwelt gemeinsam sind, Anerkennung und Rechtsschutz zu gewähren, desto deutlicher tritt seine Schwäche hervor: Es fehlt der Völkerrechtsordnung an Durchsetzungsmacht. Vor allem starke Staaten können das Völkerrecht ziemlich

32 Den Gedanken Kants, dass der Zivilisationsprozess im Wesentlichen ein Prozess der Verrechtlichung der menschlichen Beziehungen sei oder sein sollte, der am Ende auch die Beziehungen zwischen den Staaten erfasst, hat in der Gegenwart besonders Jürgen Habermas wieder aufgegriffen.

folgenlos ignorieren. Und tun das ja auch ungeniert, wann immer sie meinen, es stünde ihren Interessen im Wege. Der Weltstaat, der sich auch gegenüber den stärksten Staaten durchzusetzen vermag, kann aus Gründen, die uns schon beschäftigt haben, gleichwohl nicht das Ziel sein. Ohne den Weltstaat geltungsstark zu werden, das ist die eigentliche Herausforderung, vor der das Völkerrecht steht.

Die Weiterentwicklung der internationalen Organisationen hat für die Bewältigung dieser Herausforderung Schlüsselbedeutung. Die UNO hat sich, was ihre Kernaufgabe, die Wahrung des Friedens, angeht, als schwach erwiesen. Das Vetorecht der fünf ständigen Mitglieder des Sicherheitsrates lähmt sie. Gleichwohl darf man die UNO als Kernstück einer Art von rudimentärer Weltverfassung ansehen. In vielen ihrer Agenturen, denen die Sorge um einzelne Gemeinwohlbelange der Staatengemeinschaft als Ganzer anvertraut ist, verfügt sie bereits jetzt über ein Instrumentarium elementarer globaler Gemeinwohlfürsorge, wie es die Menschheit zuvor nie besessen hat. Hier liegen Zukunftschancen.

Auch internationale Gerichte spielen in der Völkerrechtsordnung zunehmend eine Rolle. Sichtbar macht das vor allem der Internationale Strafgerichtshof, der für den Schutz der Menschenrechte einstweilen freilich nur sehr selektiv tätig zu werden vermag, nur da, wo die Machtverhältnisse es zulassen. Aber es ist ein Anfang. Denkbar ist, dass Gerichten oder gerichtsähnlichen, schiedsrichterlichen neutralen Instanzen in der Zukunft eine wichtige Aufgabe in Streitigkeiten über die Pflichten der Staaten gegenüber Menschheitsgütern zuwächst. Wahrscheinlich ist, dass internationale Regime, die durchaus als Elemente des die Staatengemeinschaft als Ganze erfassenden Konstitutionalisierungsprozesses begriffen werden können, zahlreicher werden.

Am Ende freilich werden die Staaten für die absehbare Zukunft die entscheidenden Akteure bleiben. Und unter ihnen vor allem die großen, mächtigen. Aller Fortschritt in der Entwicklung einer Völkerrechtsordnung, die Menschheitsgüter besser schützt und zu mehr Verteilungsgerechtigkeit in der Staatenwelt beiträgt, hängt an der Bereitschaft der Staaten, sich stärker als bisher auf die rechtliche Einschränkung ihrer Souveränität einzulassen. Zudem geht es ja nicht nur um den Auf- und Ausbau einer internationalen Rechtsordnung. Es geht auch und vielleicht sogar zuerst um einen politischen Verhaltenskodex, der die partikulare Gemeinwohlverantwortung der Staaten und ihre Weltverantwortung in Übereinstimmung zu bringen versucht.

Ist es eine utopische Hoffnung, dass Staaten umzudenken lernen und ihr Gemeinwohlverständnis erweitern? Oder gibt es Hinweise darauf, dass ein Umdenken im Gange ist? Und wie lässt sich das befördern? Was die elementaren Menschheitsgüter angeht, ist die deutliche Wahrnehmung ihrer Gefährdung vermutlich der Schlüssel. Je stärker die direkten und indirekten Bedrohungen der Zukunft der Menschheit ins Bewusstsein treten, desto stärker wird der Druck der Öffentlichkeit auf die Politik. Am Thema Erderwärmung hat sich gezeigt, wie rasch sich ein solcher Druck aufbauen kann, in diesem Fall durch ein mediengestütztes Zusammenspiel von Wissenschaft, vielfältigen grenzüberschreitenden Bürgerinitiativen und verstörenden Erfahrungen, die die Allgemeinheit in Gestalt von Wetterextremen und Wetterkatastrophen unmittelbar macht. Dass internationale NGOs auf der Weltbühne agieren, ist dabei zur Selbstverständlichkeit geworden. Sie werden als Agenten einer staatenübergreifenden öffentlichen Meinung anerkannt.

Wie die Politik mit solchem Druck umgeht, ist eine zweite Frage. Die Politik hat immer die komplexen Wechselwirkungen zwischen einer Mehrzahl von Problemen zu beachten; die, die den Druck aufbauen, sehen nur eines. Das macht Politik schwerfällig und diese in der Natur des politischen Geschäftes wurzelnde Schwerfälligkeit erzeugt Spannungen. Trotz der Spannungen: Das Wechselspiel zwischen dem Aufbau von Druck durch eine für Weltentwicklungen sensible Öffentlichkeit und einer Politik, die solchen Druck nicht ignorieren kann, ihre Gemeinwohlpflichten aber auch in ihrer Partikularität im Blick behalten muss, ist vermutlich die beste Chance der Erweiterung des Gemeinwohlbewusstseins der Staaten, die wir haben.

Aber setzen solche Erwartungen nicht stillschweigend voraus, dass wir es, wenn von Staaten die Rede ist, mit Demokratien zu tun haben? Was ist mit den Staaten, die keine Demokratien sind? Eine Frage, die umso dringlicher wird, je deutlicher wird, dass die Hoffnung, die Welt von morgen werde eine Welt der Demokratien sein, sich nicht erfüllen wird. Autoritäre, autokratische Regime der verschiedenen Spielarten zeichnen sich dadurch aus, dass das Denken und Handeln der Mächtigen ganz und gar auf den Machterhalt fixiert ist. Für Gemeinwohlerwägungen, gar grenzüberschreitende Gemeinwohlerwägungen ist nur Raum, soweit sie sich diesem Primärziel unterordnen lassen. Einen unabhängigen Gemeinwohldiskurs, der eine freie Öffentlichkeit voraussetzt, gibt es in solchen Staaten nicht. Der Druck, der aus der eigenen Gesellschaft kommt, ist bestenfalls schwach. Und die öffentliche Meinung jenseits der eigenen Grenzen interessiert Autokraten kaum.

Auch für Demokratien gilt natürlich, dass die Ziele Machterhalt und Machterwerb im Denken und Handeln der politischen Klasse eine zentrale Bedeutung haben. Aber weil die Entscheidung über Machterhalt und Machterwerb nicht in der Hand derer liegt, die um Macht konkurrieren, sondern von einer dritten Instanz getroffen wird, der

Wählerschaft, die das Ganze des Gemeinwesens repräsentiert, ist ein Gemeinwohldiskurs, der dieses Ganze im Blick hat, notwendiger Bestandteil des politischen Wettbewerbs. Und der bezieht grenzüberschreitende Gemeinwohlbelange zunehmend mit ein. Zudem sind die Voraussetzungen, unter denen ein solcher Diskurs geführt werden kann, institutionell gesichert.

Wie aber sollen, wo solche Bedingungen nicht gegeben sind, Prozesse, die eine Erweiterung des Gemeinwohlbewusstseins partikularer Gemeinschaften bewirken können, in Gang kommen und fortschreiten? Auf diese Frage eine ermutigende Antwort zu geben fällt schwer. Kann der Druck der Menschheitsprobleme so groß werden, dass auch nicht-demokratische Regime, wenn sie nur ihrem aufgeklärten Eigeninteresse folgen, sie nicht länger ignorieren können? Kann eine weltweite öffentliche Meinung so unwiderstehlich werden, dass sie hineinwirkt in die Binnenräume diktatorischer Herrschaft? Sind Autokraten trotz ihrer Fixierung auf den Erhalt der eigenen Macht Vernunftargumenten irgendwann doch zugänglich? An diese Fragen mögen sich Hoffnungen knüpfen, mehr gewiss nicht. Auch Demokratien bieten ja keine Gewähr für die Bereitschaft und die Fähigkeit zu lernen, sondern nur die besseren Chancen. Trump war mit seiner »America first«-Ideologie geradezu die Inkarnation der aus einer demokratischen Wahl hervorgegangenen Weigerung, über die eigenen engen Grenzen und den nächsten Wahltag hinauszudenken.

Die Suche nach einer Antwort auf die Frage, wessen Wohl gemeint sei oder gemeint sein sollte, wenn von Gemeinwohl die Rede ist, kann an dem Einigungsprojekt, das die Europäer nach dem Zweiten Weltkrieg in Angriff genommen und seitdem stetig weitergeführt haben, nicht vorübergehen.[33] Dieses Projekt zielt ja, wenn wir es begrifflich zu unserem Thema in Beziehung setzen, darauf, eine neue, größere Gemeinwohlgemeinschaft zu schaffen, in die die Nationalstaaten eingebettet sind. Es ist ein weltweit einzigartiger Versuch, traditionelle Gemeinwohlgemeinschaften, eben Nationalstaaten, so zusammenzuführen, dass sie miteinander ein gemeinsames Gemeinwohl definieren und auf dieses Gemeinwohl hinarbeiten.

Der europäische Gemeinwohlverbund ist kein Bundesstaat. Er ist ein Mehrebenensystem sui generis, in dem die Gemeinwohlverantwortlichkeiten anders verteilt sind als zwischen Bund und Gliedstaaten in einem Bundesstaat. Die Nationalstaaten haben ihre Bedeutung als primäre Gemeinwohlgemeinschaften behalten und werden sie auf absehbare Zeit behalten, überwölbt von einer umfassenderen politischen Ordnung, der spezifische Gemeinwohlzuständigkeiten europäischen Ranges übertragen sind. Man mag das in den Anfängen des Integrationsprozesses anders erwartet haben. Aber die Erfahrungen, die man in den 70 Jahren der Arbeit am europäischen Projekt gemacht hat, sind eindeutig.

Aufteilung der Gemeinwohlarbeit ist also wie in jedem Gemeinwohlverbund das organisatorische Grundprinzip der Europäischen Gemeinschaft. Die vertraglich ausformulierte Arbeitsteilung garantiert freilich keine Konfliktfreiheit, schon deshalb nicht, weil es konkurrierende Zuständigkeiten gibt, vor allem aber – das ist die Besonderheit der Europäischen Gemeinschaft –, weil die europäischen Gemeinwohlzuständigkeiten im Kern als politische Programmsätze formuliert und ihre Grenzen deshalb nicht

33 Zum Thema ›Europäisches Gemeinwohl‹ Brugger 2000; Callies 2002; Häberle 2002a und b; Jachtenfuchs 2002; Ambrosius/Schmitt-Egner 2006; Schmitt-Egner 2015, Teil III.

leicht bestimmbar sind. Spannungen zwischen den Gemeinwohlzuständigkeiten der Mitgliedstaaten und denen der Gemeinschaft gehören daher zum politischen Alltag der Union. Um mit diesen Spannungen ohne Gefährdung der Gemeinschaft leben zu können, bedarf es wechselseitiger Rücksichtnahme. Die Mitgliedstaaten müssen auch bei der Ausübung ihrer eigenen Gemeinwohlzuständigkeiten beachten, dass sie Glieder einer umfassenderen Gemeinschaft sind. Und die Gemeinschaft darf ihre programmatisch formulierten Gemeinwohlzuständigkeiten nicht ständig auf Kosten der Mitgliedstaaten auszuweiten versuchen.

Die im engeren Sinn europäischen Institutionen – Kommission, Parlament, Gerichtshof – haben die Aufgabe, das europäische Gemeinwohl in konkreten Schritten zu konzipieren. Im Europäischen Rat und im Ministerrat sind die Mitgliedstaaten als solche an der europäischen Willensbildung und damit an der Festlegung dessen, was als europäisches Gemeinwohl gelten soll, beteiligt. So schwierig die Bindung der europäischen Gemeinwohlsuche an die Interessen der Mitgliedstaaten den Willensbildungsprozess auch macht, die Logik dieser institutionellen Ordnung liegt auf der Hand. Ohne genuin europäische Institutionen bliebe die Idee eines europäischen Gemeinwohls ein Phantom. Ohne Beteiligung der Mitgliedstaaten an der alltäglichen Konkretisierung dieser Idee stünde ihr Eigenrecht als Gemeinwohlgemeinschaften infrage.

Der europäische Gemeinwohlverbund ist in der Geschichte der modernen Staatlichkeit etwas Neues. Die Mitgliedstaaten haben sich einer Rechtsordnung unterworfen, die ihnen einen Teil ihrer Souveränität nimmt. Sie haben Institutionen geschaffen, die die Aufgabe haben, in den Grenzen ihrer Zuständigkeiten europäisches Gemeinwohl zu definieren und zu verwirklichen. Das ist theoretisch wie praktisch ein großer Schritt über jene – in der

Moderne mit dem Nationalstaat verknüpfte – ›monadische‹ Tradition des Gemeinwohlverständnisses hinaus, von der unsere Überlegungen ausgingen.

Freilich haben die Institutionen, die auf das europäische Gemeinwohl verpflichtet sind, bisher nicht sehr viel dazu beigetragen, dass die Idee eines europäischen Gemeinwohls Kontur und Substanz gewonnen hätte. Europäisches Gemeinwohl hieß für sie in der Regel Ausweitung ihrer eigenen Kompetenzen. Die Verantwortung dafür, dass das europäische Gemeinwohl bisher eine ziemlich gestaltlose, blasse Denkfigur geblieben ist, tragen sie allerdings nicht allein. Die Völker Europas sind noch nicht zu einer Diskursgemeinschaft zusammengewachsen, in der ernsthaft über europäisches Gemeinwohl gesprochen würde. Auch hat es – das eine hängt mit dem anderen eng zusammen – auf dem Weg zur Ausbildung eines europäischen Gemeinsinns in den 70 Jahren Integrationsgeschichte nur bescheidene Fortschritte gegeben. Das gilt sowohl für die Völker Europas als auch, wenn man von denen absieht, deren politische oder professionelle Karriere fest mit dem europäischen Projekt verknüpft war oder ist, für die politische Klasse in den Mitgliedstaaten. Die Art, wie in europäischen Angelegenheiten verhandelt wird, spricht da eine deutliche Sprache. Immer wieder zeigt sich, dass die Mitgliedstaaten dazu neigen, die EU, soweit es möglich ist, ihren Partikularinteressen dienstbar zu machen. Und die europäischen Institutionen finden zu oft Gründe, dieses Spiel mitzuspielen.

Es bleibt die Frage: Was ist das inhaltlich – das europäische Gemeinwohl? Gründlich erörtert, würde sie uns weit über unser Thema hinausführen. Nur so viel: Dass das Einigungswerk Europa den Frieden gegeben habe, ist noch immer die erste Antwort, die auf diese Frage gegeben wird. Das ist vor dem Hintergrund der beiden Weltkriege des 20. Jahrhunderts, die mindestens in ihrem Ursprung europäische Kriege waren, verständlich. Die Idee eines europäischen Gemeinwohls kann aber nicht bei der inzwischen historisch gewordenen Antwort ›Friede‹, ergänzt um die Wohlstandsgewinne, die dem gemeinsamen Markt zugeschrieben werden, stehen bleiben, wenn sie die Kraft haben soll, das Projekt immer wieder neu zu legitimieren.

Europäisches Gemeinwohl ist über den Frieden hinaus, der innerhalb der Union tatsächlich ein ›ewiger‹ geworden ist, jenes gemeinsame Wohl der Mitgliedstaaten der Gemeinschaft, das sie nur im Miteinander bewirken können. Es liegt nahe, dabei heute vor allem an die Aufgabe zu denken, aus Europa einen Kontinent zu machen, der die Jahrhundertherausforderung, einen Ausgleich zwischen Zivilisation und Natur zu finden, vorbildlich löst. Das Beispiel zeigt freilich auch, wie eng und zugleich komplex das europäische Gemeinwohl und die Weltverantwortung Europas, das ja auch als vereinigtes Europa eine partikulare Gemeinwohlgemeinschaft bleibt, miteinander verknüpft sind; jene Verantwortung für die Menschheit im Ganzen, die die Staaten Europas wiederum nur gemeinsam wirkungsvoll wahrnehmen können.

Einstweilen muss es bei dem Urteil bleiben: Die Erfahrungen, die wir mit dem europäischen Projekt gemacht haben, sind ambivalent. Die Probleme werden nicht notwendig kleiner, wenn die Gemeinwohlgemeinschaften größer werden.

4. Kapitel. Das Beispiel Migration – über die Notwendigkeit des Abwägens.

Wir nehmen aus dem vorangegangenen Kapitel zwei wesentliche Einsichten mit. Die erste: Es sind umgrenzte, partikulare Gemeinwesen, die die primäre Gemeinwohlverantwortung tragen. Sie sind zuerst ihrem eigenen Gemeinwohl verpflichtet. Die zweite: Sie haben auch grenzüberschreitende Verantwortlichkeiten, Hilfspflichten, Pflichten der Rücksichtnahme. Die Pflichten gegenüber dem eigenen Gemeinwesen und die Pflichten gegenüber denen draußen können in Konflikt miteinander geraten – das braucht kaum gesagt zu werden. Vernünftige Lösungen für diese Konflikte können nicht aus abstrakten Prinzipien abgeleitet werden. Sie müssen durch Abwägung gefunden werden. Abwägen heißt Argumente gewichten. Das soll in diesem letzten Kapitel geschehen. Und zwar am Beispiel des Themas, das wie kein anderes in den letzten Jahrzehnten für viele westliche Demokratien die Belange des eigenen Gemeinwesens und die Verpflichtungen gegenüber der Welt jenseits der eigenen Grenzen hat aufeinanderstoßen lassen: Migration. Die heftigsten politischen Konflikte haben sich an diesem Thema, an dieser Herausforderung entzündet. Auch die politische Philosophie hat die Frage nach der Legitimität von Grenzen mit leidenschaftlicher Intensität diskutiert.[1] Das Thema Migration drängt sich

1 Für offene Grenzen plädieren Carens 2013; Cassee 2016. Eine Gegenposition vertreten Nida-Rümelin 2017; Miller 2019. Der Band Grundmann/Stephan (2016) präsentiert zehn philosophische Essays zum Thema, die aus einem von der Gesellschaft für analytische Philosophie veranstalteten Preisausschreiben hervorgegangen sind. Ott (2018) ordnet die Argumente der Migrationsdebatte mit Hilfe der Kategorien Gesinnungsethik und Verantwortungsethik und

also für einen exemplarischen Versuch des Abwägens geradezu auf.

Beginnen müssen wir mit einer Vorüberlegung: Welche Argumentationsansätze lassen überhaupt Spielraum für abwägendes Nachdenken? Steht am Anfang das normative Axiom, dass jeder Mensch das gleiche Recht auf eine menschenwürdige Existenz habe und dass aus diesem Recht das Recht auf globale Freizügigkeit zwingend folge, dann ist klar: Grenzen sind jedenfalls dann illegitim, wenn sie dem gleichen Recht eines jeden auf menschenwürdige Existenz entgegenstehen. Das Ergebnis ist mit dem Axiom vorgegeben. Der Zwang der deduktiven Logik lässt kein Gegenargument zu. Am Ende freilich stoßen alle Argumentationen dieses Typus, wenn sie redlich sind, dann doch auf die hässliche Wirklichkeit und machen ihr gelegentlich erstaunliche Konzessionen. Aber diese Konzessionen stellen sich als Bruch mit dem eigenen Ansatz dar.

Die genauen Argumentationswege variieren.[2] Joseph Carens proklamiert ein prinzipiell uneingeschränktes Menschenrecht auf globale Freizügigkeit. Arash Abizadeh macht die Legitimität von Grenzen davon abhängig, dass sie von allen potenziell Betroffenen in einem demokratischen Prozess ausgehandelt werden, also von einer Bedingung, die nicht erfüllbar ist. Hier wie dort wird die Rechtmäßigkeit von Grenzen jedenfalls insoweit, als sie die globale Freizügigkeit einschränken, grundsätzlich verneint. Peter Singer spricht, etwas zurückhaltender, ein Einwanderungsrecht all denen zu, die Not, welcher Art auch immer, aus ihrer Heimat vertreibt. Da es Milliarden von

stellt sie in knapper Form einander gegenüber. Eine repräsentative Auswahl von philosophischen Beiträgen zu dieser Debatte bietet Dietrich 2017.

2 Die im Folgenden genannten drei Autoren sind mit charakteristischen Texten in Dietrich 2017 vertreten.

Menschen sind, für die diese Voraussetzung zutrifft, macht das im Ergebnis keinen Unterschied. Das Recht, seinen Wohnort auf dieser Erde frei zu wählen, ist, wenn es auf eine nicht hintergehbare menschenrechtliche Prämisse zurückgeführt wird, relativierenden Abwägungen nicht zugänglich.

Eine Begrenzung der Pflicht, Migranten aufzunehmen, ist für den, der ein Menschenrecht auf freie Migration annimmt, allenfalls begründbar, wenn die Lebensbedingungen im aufnehmenden Land als Folge der Zuwanderung unter das im Herkunftsland gegebene Niveau absinken. Es ist offensichtlich, dass keine Demokratie eine solche Entwicklung überleben könnte.

Wer demgegenüber partikularen Gemeinwesen ein Recht auf Kontrolle ihrer Grenzen zugesteht, muss, so scheint es, von den Belangen eben dieser Gemeinwesen her argumentieren. Ist er damit aber nicht immer schon in der Nachhand? Haben die Menschenrechte des Einzelnen nicht notwendig Vorrang vor den Belangen eines Kollektivs? Diese suggestive Frage stellt Universalismus und Partikularismus scharf gegeneinander. Sie ignoriert, heißt das, dass menschengemäß gerade nicht die scharfe Konfrontation von Universalismus und Partikularismus ist, sondern ihr spannungsreiches Miteinander. Auf unsere Fragestellung bezogen ist dieses spannungsreiche Miteinander dann so zu formulieren: Die Voraussetzungen menschenwürdiger Existenz sind nach aller Erfahrung verlässlich nur durch funktionsfähige partikulare Gemeinwesen zu gewährleisten. Zugespitzter: Nur in funktionsfähigen partikularen Gemeinwesen lässt sich die Geltung von Menschenrechten verlässlich sichern. Das aber bedeutet: Es ist selbstzerstörerisch, die Menschenrechte gegen die Bedingungen ins Feld zu führen, an denen die Funktionsfähigkeit eines Gemeinwesens, damit auch seine Fähigkeit,

Menschenrechte zu gewährleisten, hängt. Jede vernünftige Überlegung spricht dafür, dass offene Grenzen in der Welt, wie sie nun einmal ist, einer Welt extremen Wohlstandsgefälles, die gleich noch etwas genauer zu beschreiben sein wird, jedenfalls für bestimmte Länder diese selbstzerstörerischen Folgen haben würden.

Demokratietheoretisch gefasst erhält das Argument eine etwas andere Wendung: Demokratie heißt Selbstregierung einer Gemeinschaft von Menschen. Ein Kollektiv, dem die Entscheidung darüber, wer ihm angehört, prinzipiell entzogen ist, regiert sich nicht selbst. Es ist in der elementarsten aller Fragen fremdbestimmt. Demokratie und offene Grenzen sind, heißt das, logisch unvereinbar.[3] Zudem machen offene Grenzen die Ausbildung jener Art von kollektiver politischer Identität unmöglich, ohne die Demokratie mit all ihren Anforderungen an ein gemeinsames politisches Leben nicht denkbar ist. Demokratie ist also in besonderer Weise davon abhängig, dass Universalismus und Partikularismus zusammen gedacht werden.

Das heißt nicht, dass die Spannungen zwischen Universalismus und Partikularismus ohne Rest auflösbar seien. Sie sind es nicht. Die moderne Demokratie ist auf das normative Fundament der Menschenrechte gegründet und damit dem Universalismus verpflichtet. Sie ist aber zugleich nur als partikulares Gemeinwesen möglich – eine Menschheitsdemokratie ist nicht denkbar. Wer dieses Dilemma negiert, hebt es nicht auf, er ignoriert es nur. Die Demokratie muss mit ihm leben.

Spielraum für abwägendes Nachdenken ist mit diesen Vorüberlegungen geschaffen. Ansetzen muss das Nachdenken

3 Diesem Schluss widerspricht Bauböck 2020. Zum Thema ›Demokratie und Grenzen‹ allgemein Kortendieck/Martinez Marco 2017.

bei der Wirklichkeit, mit der wir es zu tun haben.[4] Der Hinweis, Migration habe es immer schon gegeben, verfehlt diese Wirklichkeit. Wir leben in einem Zeitalter ganz und gar neuartiger weltweiter Massenmigration, die eine globale Völkerwanderung zu nennen nicht abwegig ist. Die Ursachen liegen, jedenfalls im Großen, auf der Hand: Unsere Welt ist durch ein dramatisches globales Gefälle menschlicher Lebenschancen zweigeteilt. Gefälle der Lebenschancen heißt Wohlstandsgefälle – es gibt arme und reiche Weltregionen. Es heißt Sicherheitsgefälle – es gibt Weltregionen, in denen einigermaßen verlässlich Frieden herrscht, und es gibt Weltregionen, in denen Krieg und Bürgerkrieg zu Hause sind. Es heißt Ordnungs- oder Stabilitätsgefälle – es gibt Weltregionen, in denen der Staat seine Funktionen zufriedenstellend oder doch einigermaßen erfüllt, und es gibt Weltregionen, in denen von Staat kaum die Rede sein kann, Weltregionen der Anarchie.

Weil die modernen Kommunikationsmittel das Gefälle jedermann jederzeit sichtbar machen und weil räumliche Distanzen in der Welt des 21. Jahrhunderts keine unüberwindlichen Hindernisse mehr sind – allenfalls Ozeane trennen noch –, hat diese Spannungslage notwendig eine in ihren Dimensionen einzigartige gewaltige weltweite Wanderungsbereitschaft und Wanderungsbewegung aus den Elendsregionen in die Regionen des Wohlstands und der Sicherheit zur Folge. Zusätzliche starke Impulse gibt der Völkerwanderung die demographische Entwicklung in Afrika und Lateinamerika. Auch Naturkatastrophen haben ihre Wirkung; die Erderwärmung wird das Ihre tun.

4 Die dramatische Krise der Jahre 2015/16 hat ihren Niederschlag vor allem in einer unüberschaubaren Flut von Beiträgen zu Zeitungen und Zeitschriften gefunden. Versuche, die Debatte zu einem frühen Zeitpunkt zu bündeln: Luft 2016; Schwarz 2017.

Und da Menschenschmuggel inzwischen weltweit eines der lukrativsten und risikoärmsten kriminellen Geschäfte ist, fehlt es nicht an Organisatoren der Wanderungsbewegungen, im Großen wie im Kleinen. Wie viele Millionen weltweit an das Wagnis Migration denken, wissen wir nicht. Sicher ist nur, dass es umso mehr werden, je besser die Aussichten sind, Aufnahme in eines der gelobten Länder zu erlangen.

Ziel der globalen Wanderungen sind die USA vornehmlich für die Migranten, die Lateinamerika verlassen wollen, und das westliche Europa für den Exodus aus Afrika und dem nahen Asien. Europa, heißt das, ist in einer besonders exponierten Lage, Afrika, seiner Armut, seinen Bürgerkriegen, seinen Hungerkatastrophen, seiner Bevölkerungsexplosion ebenso benachbart wie der notorischen Unruheregion des Nahen und Mittleren Ostens. Die Erwartung, dass sich an diesen Gegebenheiten in absehbarer Zeit etwas Wesentliches ändern könne, ist unbegründet. Es wird nur den Wechsel zwischen Phasen der Flut und Phasen der Ebbe geben. Mit der Migrationsgeographie wird Europa ohnehin auf Dauer leben müssen.

Nordamerika und Europa – das heißt natürlich auch und vor allem: Es sind Demokratien und es sind mehr oder minder ausgebaute Sozialstaaten, die die Migrationsbewegungen auf sich ziehen. Damit wird noch einmal deutlich, dass wir es nicht einfach mit dem Fortgang einer alten, unendlichen Geschichte zu tun haben. Die Einwanderung in den Grundrechts- und Versorgungsstaat, den Staat, der Grundrechte anerkennt und jedem, der einmal angekommen ist, zumindest eine Grundversorgung zukommen lässt, ist etwas ganz Neues. Früher gab es für den, der sich entschloss auszuwandern, keine vergleichbaren Sicherheiten.

Zu den Vorgegebenheiten, die jede abwägende Überlegung in Rechnung zu stellen hat, gehört nicht nur ein ganz neuartiger Migrationsdruck, der auf den Wohlstandsdemokratien lastet. Es gehört dazu auch ein Rechtsregime, das ihnen ihre Handlungsfreiheit weitgehend nimmt. Das gilt jedenfalls für die der Europäischen Union angehörenden, durch europäisches Recht gebundenen Demokratien.

Das Asylrecht der Europäischen Union knüpft an die Genfer Flüchtlingskonvention an, die ursprünglich, 1951, nur den Zweiten Weltkrieg und seine Folgen im Blick hatte, seit 1968 aber ohne diese zeitliche Eingrenzung gilt. Die Konvention definiert, wer schutzberechtigter Flüchtling ist, und sichert denen, die sie als Flüchtlinge definiert, gewisse Rechte im Zufluchtsland zu, vor allem das Recht, nicht an Länder ausgeliefert zu werden, in denen ihr Leben und ihre Freiheit bedroht wären. Einen darüber hinaus gehenden Anspruch auf Asylgewährung, gar ein Einwanderungsrecht gewährt die Konvention nicht.

Die EU, ermächtigt durch Art. 78 AEUV, hat daraus Schritt für Schritt ein umfassendes System von Rechten für Migranten, die Asyl begehren, gemacht.[5] Die Mitgliedstaaten, heißt das, sind, was die Migrationspolitik angeht, weithin ausführende Instanzen. Sie haben in der Umsetzung der rechtlichen Vorgaben der EU zwar Ermessensspielräume, aber diese rechtlichen Vorgaben gehen weit. Die EU gewährt jedem, der an ihren Grenzen, auch an den Seegrenzen, das Wort ›Asyl‹ ausspricht, einen Anspruch auf ein Asylverfahren in der EU, das rechtsstaatlichen Prinzipien genügt, also insbesondere die Möglichkeit gerichtlicher Überprüfung der Entscheidungen der für die Asylgewährung zuständigen Behörden vorsieht. Darüber hinaus legen die einschlägigen Richtlinien den Mitgliedstaaten detaillierte Fürsorgepflichten im Umgang mit Asyl

5 Fröhlich 2011; Hailbronner [5]2021; Thym/Hailbronner [3]2022.

begehrenden Migranten auf. Migranten, denen kein Asyl gewährt wird, können gleichwohl unter gewissen Umständen einen schützenden Rechtsstatus erhalten, den eines Flüchtlings im Sinn der Genfer Konvention, das gilt etwa für Bürgerkriegsflüchtlinge, oder eines subsidiär Schutzberechtigten. Er sichert die Schutzberechtigten insbesondere gegen Abschiebung, gewährt ihnen also zumindest befristet ein Bleiberecht.

Die EU steht, was die Gewährung von Rechten an Asyl begehrende Migranten angeht, weltweit einzigartig da. Nirgendwo sonst gibt es ein so detailliertes, insbesondere so migrantenfreundliches Asylrecht. Zwar spiegelt sich in der Migrationsfreundlichkeit des europäischen Rechts ein allgemeiner Entwicklungstrend des internationalen Rechts wider. Der Migrationspakt der Vereinten Nationen aus dem Jahr 2019 hat diesen Trend noch jüngst bestätigt. Die Länder, die das Ziel der Wanderungsbewegungen sind, werden in die Pflicht genommen, die Rechte der Migranten werden gestärkt. Dass auch die Länder, aus denen die Menschen fliehen oder abwandern, Verantwortung tragen, Pflichten haben, kommt kaum zur Sprache. Aber die EU ist in diesem Trend ein Spitzenreiter, der in der Asylfreundlichkeit seiner Gesetzgebung den übrigen Demokratien der Welt weit enteilt ist.

So verständlich und sympathisch der humanitäre Impuls, der hier wirksam ist, auch sein mag – die Frage, was geschehen werde, wenn die migrationsfreundliche Rechtsentwicklung und das zuvor beschriebene neue Zeitalter globaler Massenwanderungen aufeinandertreffen, hat offenbar niemand gestellt und bedacht. Zu spät haben wir wahrgenommen, wenn wir es denn überhaupt wahrgenommen haben, dass die EU sich diesem Zeitalter mit einem Asylrecht stellt, das eine ganz andere Wirklichkeit voraussetzt.

Die Wirklichkeit, in die wir hineingeraten sind, sieht so aus: Das Asylrecht ist faktisch zu einem Eintrittsrecht für jeden geworden, der die Grenzen des europäischen Rechtsraumes erreicht. Eintritt bedeutet, das ist schon gesagt worden, Anspruch auf ein rechtsförmiges Verfahren der Prüfung des Antrages. Rechtsförmig bedeutet vor allem: Jede Ablehnung kann vor Gericht angefochten werden. Gerichte also sind es, die letztinstanzlich über die Zuwanderung entscheiden. Die Letztentscheidung, heißt das, liegt bei Akteuren, die sich politisch nicht verantworten müssen und immer nur den Einzelfall im Visier haben. In hohem Maße werden dabei übrigens nicht nur Rechtsfragen durch Richter entschieden. Auch die abschließend verbindliche Einschätzung tatsächlicher Gegebenheiten – etwa der Sicherheitslage in Herkunftsländern von Migranten, die sich gegen Abschiebung wehren – wird faktisch Richtern übertragen.

Aus dem Anspruch auf ein rechtsstaatliches Verfahren ergibt sich bereits ein häufig mehrjähriger Aufenthalt im Zufluchtsland, eine Zeit, in der der Asylbewerber selbstverständlich Anspruch auf Versorgung hat. Auch denen, die am Ende des Prüfungsprozesses ausreisepflichtig sind, eröffnen sich häufig Möglichkeiten, zu bleiben. Abschiebungen sind schwierig und da, wo sie möglich werden, aufwendig. Die Herkunftsländer sind nicht kooperationswillig, die Ausreisepflichtigen, wie sollte es anders sein, natürlich auch nicht. Zudem sind, jedenfalls in Deutschland, die gesellschaftlichen und politischen Widerstände gegen Abschiebungen stark. Im Übrigen behält, wer das Land wieder verlassen muss, das Recht, sich nach kurzer Frist durch einen neuen Asylantrag das Tor von Neuem zu öffnen, wenn »Wiederaufgreifensgründe« vorliegen.

So ist das Eintrittsrecht, das am Anfang steht, weit mehr als ein Eintrittsrecht. Es eröffnet eine hohe Chance des

Bleibens. Das ist noch kein Einwanderungsrecht. Aber es ist ein großer Schritt dorthin. Das Wort ›Asyl‹, so kann man die Entwicklung zusammenfassend charakterisieren, steht zwar im Zentrum der Diskussion über das Migrationsgeschehen. Aber in Wahrheit ist es eine falsche Flagge. Es handelt sich zu einem beträchtlichen Teil um Einwanderungsbewegungen, denen dieses – man kann das durchaus wörtlich verstehen – Schlüsselwort dazu dient, die Grenzen des Ziellandes zu überwinden.

Damit ist natürlich nicht gesagt, dass die Migranten, die sich nach Europa aufmachen, nicht von Not und wenn nicht von wirklicher existenzieller Not so doch von der legitimen Hoffnung auf ein besseres Leben getrieben werden. Aber mit Verfolgung, dem Kernbegriff der Genfer Konvention, oder gar politischer Verfolgung, von der Art. 16 des Grundgesetzes spricht, haben diese Notlagen häufig nicht viel zu tun. Das gilt für die Mehrzahl der Migranten selbst dann, wenn wir die fortschreitende Entgrenzung des Begriffs ›Verfolgung‹ in Rechnung stellen.

Diese Entgrenzung ist ein weiteres Charakteristikum der neueren Entwicklung. Politisch Verfolgte – da hatte der Parlamentarische Rat, als er Art. 16 GG formulierte, das vom Staat organisierte Mordprogramm vor Augen, dem die Juden sich in Hitlers Machtbereich gegenübersahen. Über dieses enge Verständnis von ›Verfolgung‹ geht die Asylpraxis inzwischen weit hinaus. Sind Diskriminierungen, die wir missbilligen, etwa von Homosexuellen oder Frauen, politische Verfolgung? Ist jede Art von Unterdrückung durch Regime, die wir als Unrechtsregime betrachten, politische Verfolgung? Ist, wer sich dem Wehrdienst in der Armee eines Regimes entzieht, das Kriege führt, die wir nicht gutheißen können, verfolgt? Fragen dieser Art werden nicht nur immer nachdrücklicher gestellt, sondern auch immer großzügiger bejaht. Das hat seine Gründe. Aber weltweit leben Milliarden von Menschen unter politischen Regimen, die die Menschenrechte missachten. Wem unter ihnen soll mit dem Anspruch auf Asyl ein Recht auf Aufnahme in ein Land seiner Wahl gegeben werden? Das Nachdenken über diese Fragen treibt die Entgrenzung des Asylbegriffs fort und mit ihr den Verlust an Kontrolle der Einwanderungsländer über ihre Grenzen.

Hinzuzufügen bleibt: Die Dramatik der beschriebenen Entwicklung ist letztlich eine Dramatik der Zahl. Es gibt eine Schwelle, jenseits derer Quantität in Qualität umschlägt. Bevor sie überschritten wird, können Demokratien auch mit starker Zuwanderung einigermaßen umgehen. Jenseits dieser Schwelle aber nimmt die Herausforderung für die Demokratie einen völlig anderen Charakter an. Alle Argumente müssen neu geprüft und gewichtet werden, weil Demokratien, die sich durch das Ausmaß der Zuwanderung überfordern oder überfordern lassen, sich selbst gefährden. Das Asylrecht, so wie es sich entwickelt hat, ignoriert den Umschlag von Quantität in Qualität.

Man hat die Dramatik der Zahl durch den Hinweis zu entschärfen versucht, so manches Grundrecht könne nur deshalb verlässlich gewährleistet werden, weil nicht alle Berechtigten es zur gleichen Zeit in Anspruch nähmen. Das sei beim Asylrecht nicht anders. In der Tat – es gibt diese Konstellation. Aber bei dem alle Migranten, die es bis zur Grenze schaffen, jedenfalls zum Eintritt berechtigenden Asylrecht liegen die Dinge besonders. Jedes der – nicht zahlreichen – Länder, die die Migranten im Visier haben, muss damit rechnen, dass die Dramatik der Zahl Wirklichkeit wird.

Über all das hinaus hat Deutschland im Besonderen in Rechnung zu stellen, dass es ein Land von singulärer Attraktivität für Migranten ist. Deutschland hat als einziger Staat der Welt in Art. 16 GG das Asylrecht zu einem individuell einklagbaren Grundrecht gemacht. Und darüber hinaus den gerichtlichen Schutz der Migrantenrechte besonders stark ausgebaut. Getragen wird dieser ungewöhnlich starke Rechtsstatus von Migranten von einer politischen Kultur, die sich durch eine hohe Sensibilität gegenüber völkerrechtlich-humanitären Pflichten auszeichnet. Die Praxis der Nicht-Abschiebung derer, die kein Bleiberecht haben, ist im internationalen Vergleich eher großzügig. Gerade die jeweils geübte Abschiebungspraxis bestimmt aber, wie wir wissen, bei vielen Migranten in hohem Maß die Wahl des Ziellandes. Denen, die im Lande sind, bietet Deutschland sozialstaatliche Leistungen auf vergleichsweise hohem Niveau. Auch ist Deutschland ein Land mit starkem Arbeitsmarkt. Dass ein solches Land zum Traumland vieler Migrationswilliger wird, ist nicht überraschend – Europa heißt für die Mehrzahl der Migranten Deutschland.

Zweierlei führt uns diese Skizze der Vorgegebenheiten des Migrationsgeschehens und ihrer Auswirkungen unmittelbar vor Augen: Zum einen – wir leben in einer Welt mit hohem Solidaritätsbedarf. Zum anderen – das westliche Europa ist einem Migrationsdruck ausgesetzt, dem es sich nicht einfach öffnen kann. Das Elend der Welt ist ernst zu nehmen. Aber die Öffnung der Grenzen ist keine vernünftige Antwort auf dieses Elend.

Was bedeutet das für unseren Versuch, die Verpflichtung eines Gemeinwesens auf das Wohl seiner Bürger und seine Weltverantwortung abwägend in ein vernünftiges Verhältnis zueinander zu setzen? Die erste und wichtigste Antwort auf diese Frage lautet: Wir müssen die Banalität ernst nehmen, dass das Gebot, denen, die jenseits der eigenen Grenzen hilfsbedürftig sind, zu helfen, auf vielfältige Weise erfüllt werden kann und erfüllt werden sollte. Die Pflicht, Migranten dauerhaft in das eigene Gemeinwesen aufzunehmen, steht nicht an erster Stelle. In gewissem Sinn ist diese Pflicht die Ultima Ratio unter den Hilfspflichten, weil in vielen Hinsichten die kostspieligste und zugleich in ihren Wirkungen begrenzteste. Dass in den betroffenen Demokratien das Thema Öffnung oder Schließung der Grenzen gleichwohl ganz einseitig ins Zentrum der öffentlichen Diskussion gerückt ist, ist leicht zu erklären. Der Migrationsdruck machte es ausweichlich. Aber das, was eigentlich an erster Stelle zu debattieren gewesen wäre, geriet dabei aus dem Blick; die Frage nämlich, wer der Hilfe am dringlichsten bedürfe und welche Art von Hilfe jeweils die effizienteste und sinnvollste sei.[6]

Um mit der zweiten dieser beiden Fragen zu beginnen: Schon die Begrifflichkeit, in der über Migration geredet wird, steht einem genauen Blick auf die Wirklichkeit entgegen. Sie ist viel zu undifferenziert. Es gibt Flüchtlinge und es gibt Migranten, die nicht vor Bedrohungen fliehen, sondern bessere Lebensbedingungen suchen. Unter den Flüchtlingen gibt es Verfolgte im Sinn der Genfer Konvention, es gibt Katastrophenopfer, es gibt Kriegs- und Bürgerkriegsflüchtlinge. Und das ist erst der Anfang des

6 Hat es einen Sinn, in diesem Kontext an die Gemeinwohlverantwortung derer, die dort die Macht haben, wo die Flucht- und Migrationsbewegungen entstehen, die Bürgerkriege führen, ihre eigenen Länder ausplündern, die Opposition unterdrücken, zu erinnern? Und ist es nicht zynisch, die, die ihr Land verlassen, darauf hinzuweisen, dass auch sie eine Mitverantwortung für das Gemeinwohl ihres Landes tragen? Man kann diese Fragen stellen. Man darf ihnen aber auch entgegenhalten: Es ist das Recht und die Pflicht der Weltöffentlichkeit, Machthaber, die ihre Gemeinwohlverantwortung auf Kosten nicht nur ihres eigenen Landes eklatant verletzen, so gut es eben möglich ist, unter politischen und moralischen Druck zu setzen. Und es ist keineswegs zynisch, die Migranten, die nicht existenziell bedroht sind, zu fragen, was ihr Exodus für ihr Land bedeutet.

genaueren Hinsehens. Entsprechend gibt es ein breites Spektrum von Möglichkeiten des Handelns, die alle ins Auge zu fassen sind.

Hungersnöte sind vor Ort zu bekämpfen. Auch Hilfe bei Naturkatastrophen ist in der Regel am besten in der betroffenen Region zu leisten. Für Kriegs- und Bürgerkriegsflüchtlinge sind oft die Nachbarländer der Zufluchtsort der Wahl, weil sie zurückkehren wollen, sobald es möglich ist. Diese Länder brauchen dann freilich starke, rasche, anhaltende internationale Unterstützung – in ganz anderer Intensität, Systematik und Verlässlichkeit als bisher üblich. Vor allem müssen die Lager, in denen die Flüchtlinge untergebracht werden, ganz anders organisiert werden, als sie es heute sind. Es muss dort Schulen, auch berufsbildende Schulen geben. Die medizinische Versorgung muss gewährleistet sein. Und es muss ein – und sei es noch so bescheiden – Angebot, seinen Lebensunterhalt selbst zu verdienen, geschaffen werden. Was den Kampf gegen Armut und für bessere Lebenschancen angeht, so kann er wirksam nur geführt werden, wenn man Verdienstmöglichkeiten dort schafft, wo Armut herrscht. Asiatische Länder haben es vorgemacht.

Wo Aussicht auf Rückkehr und Bereitschaft zur Rückkehr gegeben sind, ist Hilfe immer auf Rückkehr auszurichten. Unter den Migranten, die nicht zurückkehren wollen, sind die, die nicht zurückkehren können – die wirklich Verfolgten etwa –, eine Gruppe. Und die, die nicht zurückkehren wollen, weil sie sich andernorts ein besseres Leben erhoffen, eine andere. Dass Zuordnungen nicht immer einfach sind, ändert nichts an der Notwendigkeit zu unterscheiden.

Freilich – der Einwand drängt sich auf: Migration ist oft ein chaotisches Geschehen, das das Räsonnement vernunftgeleiteter Humanität einfach überrennt. Die brutale

Wirklichkeit einer Welt auf Elendswanderung sperrt sich gegen alle Versuche ordnender Unterscheidung zumal dann, wenn das Drama der großen Zahl einsetzt. In den Migrationsströmen mischen sich die verschiedensten Migrationsgründe und Migrationsmotive oft unentwirrbar. Soviel aber ist gewiss: Es sind keineswegs immer die Hilfsbedürftigsten, die sich auf den Weg machen.

Damit gerät die größte Schwäche der Migrationspolitik der Zielländer ins Visier, jene, auf die die erste unserer beiden Fragen zielt. Die aus der Not geborene allgemein herrschende Praxis, dass denen ein vorrangiger Anspruch auf Hilfe – und zwar der aufwendigsten Form von Hilfe – zugestanden wird, die es schaffen, die Grenzen eines Zufluchtslandes zu erreichen und dort ihr Asylbegehren vorzubringen, ist eine Praxis der Willkür. Es ist eine moralisch verhüllte Kapitulation vor der Komplexität der Herausforderung. Es gibt keine Rechtfertigung dafür, es bei dieser Willkür zu belassen.

Sie steigert sich noch einmal in der weit verbreiteten Überzeugung, Europa habe eine besondere Verpflichtung, den sogenannten Bootsflüchtlingen, denen, die sich über das Meer auf den Weg in das gelobte Land machen, seine Tore zu öffnen. Es gibt die nicht diskutierbare Pflicht, Bootsflüchtlinge aus Seenot zu retten, wenn sie in Seenot geraten. Aber aus ihrer Entscheidung, Lebensgefahr auf sich zu nehmen, um nach Europa zu gelangen, lässt sich kein Anspruch auf bevorzugten Zugang zum europäischen Territorium herleiten.

Das Thema Bootsflüchtlinge macht besonders sichtbar, was ganz allgemein gilt: Die Frage, an der sich die Asylpolitik eigentlich ausrichten müsste – »Wem unter denen, die einen begründeten Anspruch auf Hilfe haben, kann nur dadurch geholfen werden, dass ein Zufluchtsland ihn dauerhaft aufnimmt?« –, kommt, wenn überhaupt, viel zu spät ins Spiel. Sie ist für die Migrationspolitik der Zielländer insgesamt nicht handlungsleitend.

So können am Ende, aller Versuche ungeachtet, gedankliche Ordnung in das chaotische Migrationsgeschehen zu bringen, die Hauptzielländer der Wanderungsbewegungen der einen Schlüsselentscheidung nicht ausweichen: Wieviel und welche Art von Zuwanderung wollen sie zulassen? Sind sie verpflichtet zuzulassen? Und was brauchen sie sich nicht zuzumuten? Was dürfen sie sich vielleicht nicht zumuten? In der Auseinandersetzung mit diesen Fragen stoßen die Verpflichtung eines Gemeinwesens auf das Wohl seiner Bürger einerseits und seine Weltverantwortung andererseits hart aufeinander.

Es gibt gute, ja zwingende Gründe, ins Zentrum der Antwort das Kriterium der Integrationsfähigkeit eines Gemeinwesens zu stellen.[7] Die Antwort auf die Frage nach den Grenzen des Zumutbaren lautet dann: Die Verpflichtung zur dauerhaften Aufnahme von hilfsbedürftigen Migranten endet dort, wo die Überforderung der Fähigkeit des Gemeinwesens, Einwanderer zu integrieren, beginnt. Integrationsfähigkeit ist kein vorgegebenes, unveränderliches Datum. So spielt – beispielsweise – eine erhebliche Rolle, welche kulturelle Prägung die Einwanderer mitbringen. Auch ist offensichtlich, dass die Integrationsfähigkeit eines Gemeinwesens durch den Einsatz von Ressourcen erweitert werden kann. Aber sie hat Grenzen, die nicht beliebig hinausgeschoben werden können. Jedes Plädoyer für eine Erweiterung muss im Übrigen die Frage beantworten, bis zu welchem Punkt die Verpflichtung, Ressourcen für die Integration von Migranten einzusetzen, Vor-

7 Zum Thema Integration Löffler 2011; Heckmann 2015; El-Mafaalani 2018.

rang vor anderen Aufgaben des Gemeinwesens haben soll. Das Risiko eines politischen Kollapses muss jedenfalls kein Einwanderungsland eingehen.

Integrationsfähigkeit wird zu einem handhabbaren, gut begründeten Kriterium, sobald man ernst nimmt, was Integration meint. Die unmittelbar geforderte Fähigkeit zur – weit verstandenen – administrativen Bewältigung von ungeregelter Zuwanderung ist nicht das Entscheidende, obwohl auch sie natürlich Grenzen vorgibt, direkte und indirekte. Im deutschen Rechtswege-Staat hat sich übrigens gezeigt, dass dabei auch an die Verwaltungsgerichtsbarkeit zu denken ist. Hunderttausende von Asylklagen können sie an den Rand eines systemischen Infarktes führen.

Die eigentliche Integrationsaufgabe ist eine langfristige. Und diese langfristige Aufgabe hat jede Diskussion über die Integrationsfähigkeit eines Gemeinwesens vor allem ins Auge zu fassen. Zuwanderer sind integriert, wenn sie sich als dem Gemeinwesen, in dem sie Zuflucht gefunden haben, zugehörig wahrnehmen können und tatsächlich wahrnehmen. Dazu haben beide Seiten das Ihre beizutragen. Guter Wille, so wichtig er hier wie dort ist, genügt nicht. Das zeigen die Erfahrungen, die inzwischen alle Länder, die starke Einwanderungswellen zu verarbeiten hatten, mit gescheiterter Integration gemacht haben. Frankreich ist vielleicht das dramatischste Beispiel.

Zwei Felder sind von zentraler Bedeutung: der Arbeitsmarkt mit seinen Potenzialen, Zuwanderer aufzunehmen, und die Schule mit ihrer Aufgabe, den jungen Menschen unter den Zuwanderern den Weg in die Gesellschaft ihres Zufluchtslandes zu ebnen. Auf dem Arbeitsmarkt entscheidet sich, ob es den Migranten gelingt, sich aus eigener Kraft eine Existenz im Zufluchtsland aufzubauen. Die Schulen, ja schon die Kindergärten, in denen die Sprache des Zufluchtslandes gelernt werden muss, weil sie nicht in der Familie gelernt wird, sind der Ort, wo die Entscheidung über die Zukunftschancen junger Migranten fällt. Hier sind besondere Anstrengungen des Einwanderungslandes geboten. Aber aller Anstrengungen ungeachtet sind Schulen doch auch der Ort, an dem man besonders eindringlich erfahren konnte und erfahren kann, wie Institutionen an der Integrationsaufgabe durch Überforderung scheitern können.

Je weniger Schule und Arbeitsmarkt, aus welchen Gründen auch immer, zur Integration beitragen oder beitragen können, desto mehr Lasten hat der Sozialstaat, auch langfristig, zu tragen. Gerade Länder mit einem sehr ausgebauten System sozialstaatlicher Leistungen müssen sich die Frage stellen, wie belastbar der stillschweigende Solidaritätskonsens ist, auf dem der Sozialstaat aufruht.

An diesem Punkt zeigt sich, dass die Integrationsfähigkeit eines Gemeinwesens nicht nur, nicht einmal in erster Linie von seinen administrativen und materiellen Ressourcen bestimmt wird. Es geht ganz wesentlich auch um sozialmoralische Ressourcen. Die aber stehen weit weniger zur Disposition der Politik als die anderen. Sie sind nicht beliebig vermehrbar und sie sind nicht ein für alle Mal gegeben. Die Belastbarkeit eines demokratischen Gemeinwesens reicht so weit wie der Rückhalt, den ihm seine Bürger geben.

Diesen Rückhalt zu finden, ist, wenn es um Zuwanderung geht, ohnehin nicht einfach. Es ist besonders schwierig, wenn es sich um massenhafte Zuwanderung, zusammengedrängt in kurzen Zeiträumen, handelt; und um Zuwanderung aus fremden Kulturräumen, die als solche deutlich wahrnehmbar ist und wahrgenommen wird. Die Erfahrung zeigt, dass in solchen Konstellationen heftige Abwehrreaktionen, möglicherweise demokratiegefährdende politische Konflikte auftreten können.

In jedem Fall ist das Vertrauen der Bürger in die politischen Eliten, die die migrationspolitischen Weichen stellen, ein knappes, dabei für die Demokratie essenzielles Gut. Dieses Vertrauen zerfällt, wenn der Eindruck entsteht, die eigene Regierung habe die Kontrolle über die Ereignisse verloren. Es zerfällt, wenn der Eindruck entsteht, das eigene Land habe, verglichen mit anderen Ländern, einen weit überhöhten Anteil der Last zu tragen. Es zerfällt, wenn der Eindruck entsteht, das eigene Land verändere sich durch massenhafte Zuwanderung so rasch und so dramatisch, dass es denen, die es als das ihre ansehen, fremd wird. Und es zerfällt, wenn der Eindruck entsteht, die politischen Eliten bemühten sich gar nicht um einen dialoggetragenen Konsens in den Grundfragen der Migrationspolitik, sondern folgten selbstgewählten moralischen Imperativen ohne Rücksicht auf die Kosten, die sie dem Land aufbürden.

Schließlich ist, wenn es um die Integrationsfähigkeit eines Gemeinwesens geht, auch dies noch zu bedenken: Zuwanderer, die auf Dauer im Zufluchtsland bleiben, haben einen Anspruch darauf, über kurz oder lang eingebürgert zu werden. Das heißt: Sie erhalten die Staatsbürgerrechte, in der Demokratie also das Recht, mitzuentscheiden über die Zukunft des Gemeinwesens. Insoweit dabei Automatismen am Werk sind, die Automatismen, die im Asylrechtsregime und im Selbstverständnis der Demokratie angelegt sind, hat der Souverän keine Kontrolle über sich selbst. Dieses demokratietheoretische und demokratiepraktische Dilemma ist nicht auflösbar. Aber Demokratien sind gut beraten, es ernst zu nehmen; das heißt, Zuwanderung, die in Einbürgerung einmündet, jedenfalls soweit unter Kontrolle zu halten, dass sich die Identität des Souveräns nicht zu rasch und zu tiefgreifend, konsenssprengend, ändert.

Der Rechtsakt der Einbürgerung schafft einen neuen Staatsbürger freilich nur auf dem Papier. Bürger eines Landes im eigentlichen Sinn des Wortes ist, wer sich dem Gemeinwesen zugehörig und für das Gemeinwesen mitverantwortlich fühlt. Das setzt voraus, dass man nicht nur aufgenommen wird, sondern sich auch als angenommen wahrnimmt. Für die aufnehmende Gesellschaft haben an diesem Punkt wiederum Zahlen Schlüsselbedeutung, daneben natürlich auch die wahrgenommenen kulturellen Distanzen. Was die Zuwanderer angeht, so sind die Voraussetzungen für ihre Bereitschaft, sich für etwas Neues, Fremdes zu öffnen, sich Neuem, Fremdem zuzuwenden, ja auch nur die Anstrengung auf sich zu nehmen, die Sprache des Zufluchtslandes, ohne die es keine Zugehörigkeit gibt, zu lernen, in den letzten Jahrzehnten nicht besser geworden.

Der klassische Auswanderer des 19. Jahrhunderts, den sein Weg etwa von Europa nach Amerika führte, ließ sein Herkunftsland ein für alle Mal hinter sich. Er hatte keine andere Wahl als in der neuen Welt heimisch zu werden. Der Migrant des späten 20. und des 21. Jahrhunderts richtet sich zwischen Herkunftsland und Zufluchtsland ein. Die modernen Verkehrsmittel erlauben ihm, sofern dort keine Verfolgung auf ihn wartet, regelmäßig in die Heimat zu reisen. Die modernen Kommunikationsmittel machen ihm den täglichen Kontakt mit den Zurückgebliebenen möglich. Durch muttersprachliche Fernsehprogramme und Zeitungen, die ihn durch den Alltag begleiten, kann er seiner Herkunftswelt verbunden bleiben.

Verstärkt werden die Wirkungen dieser Lebensweise zwischen zwei Welten dadurch, dass Zuwanderer begreiflicherweise immer ihresgleichen suchen, oft ja auch von ihresgleichen ins Land geholt werden. Sie leben also, jedenfalls in den großen Städten, in Kolonien, machen ganze

Stadtviertel, die leicht zu Gettos werden können, zu den ihren. Auch wenn sie oft keine andere Wahl haben – die Bereitschaft, sich den Zufluchtsland zuzuwenden, fördert das nicht. Das Leben zwischen den Welten verstetigt sich.

Am Ende bleibt die Frage: Was folgt aus dem Befund, dass das Asylrecht, so wie es sich entwickelt hat, keine vernünftige Antwort auf die Migrationsbewegungen des 21. Jahrhunderts mehr darstellt? Es gibt eine negative und eine positive Antwort. Die negative lautet: Das Asylregime der EU lässt sich auf die Dauer nicht aufrechterhalten. Die positive lautet: Die Fürsorge der Staatengemeinschaft für die, die auf Elendswanderschaft sind, muss grundsätzlich neu organisiert werden.

Um mit der negativen Antwort zu beginnen: Lässt sich das Asylregime der EU überhaupt ändern? Der Versuch diese Frage zu beantworten, muss zunächst einmal zur Kenntnis nehmen, dass der Staatenverbund Europäische Union schon als solcher für den politischen Umgang mit starkem Migrationsdruck schlecht gerüstet ist. Die für die EU konstitutive Teilung der Souveränität wirkt sich auf diesem Feld besonders ungünstig aus. Die gesetzgeberischen Zuständigkeiten sind weitgehend auf die EU übertragen worden. Die Mitgliedstaaten aber haben die Lasten der Asylpolitik zu tragen und können und wollen deshalb die Kontrolle über die Zuwanderung nicht einfach aus der Hand geben, zumal sie in sehr unterschiedlicher Weise betroffen sind. Zudem ist Politik nur auf der nationalstaatlichen Ebene in demokratische Prozesse unmittelbar eingebunden. Das wiegt gerade auf dem Feld der Asylpolitik schwer. Das Dilemma ist offensichtlich. Das Ideal einer gemeinsamen europäischen Asylpolitik ist nicht zu verwirklichen. Aber machte die Europäische Staatengemeinschaft nicht den Versuch, zu einer gemeinsamen europäischen Asylpolitik zu gelangen, dementierte sie sich selbst.

Dies ist der Hintergrund, vor dem unsere Frage, ob das Asylrechtsregime der EU sich überhaupt ändern lasse, sich stellt. Es gibt gute Gründe, das zu bezweifeln. Zwar lassen die völkerrechtlichen Vorgaben, etwa die Genfer Konvention, der EU durchaus einen gewissen Handlungsspielraum. Aber europäisches Recht zu ändern ist grundsätzlich ein schwieriges, aufwendiges Unternehmen. Die Konsenshürden, die die europäischen Rechtssetzungsverfahren aufrichten, sind hoch. Und sie sind beim Thema Migration besonders schwer zu überwinden.

Das gilt vor allem für das europäische Primärrecht. Soweit das europäische Asylrecht, etwa in der Rechtsprechung des EuGH, als unmittelbar im Primärrecht verwurzelt verstanden wird, ist es nahezu bestandsfest. Das trifft auch für die Auslegung der Europäischen Menschenrechtskonvention durch den Europäischen Gerichtshof für Menschenrechte zu. In Rechnung zu stellen ist darüber hinaus, dass gerade das Asylrecht nicht nur grundsätzlich, sondern auch in seiner konkreten Ausgestaltung durch eine Art von moralischem Tabu geschützt ist. Man darf es zugunsten der Flüchtlinge weiter ausbauen. Jede einschränkende Veränderung hingegen wird von gewichtigen Teilen der Öffentlichkeit als Tabubruch wahrgenommen und bekämpft.

Gleichwohl: Wenn es zutrifft, dass die Migrationswirklichkeit und das Rechtssystem, mit dem Europa ihm begegnet, weit auseinanderklaffen, darf man der Frage nicht ausweichen, wie diese Kluft geschlossen werden kann. Mit der beschwörenden Formel, die Ereignisse der Jahre 2015/16 dürften sich nicht wiederholen, ist es ja nicht getan. Es müssen aus dieser Einsicht Konsequenzen gezogen werden. Spätestens wenn das Jahr 2015 sich doch wiederholt, wird der rechtliche Status quo zerbrechen.

Ins Positive gewendet:[8] Nicht die Vergabe des einklagbaren Rechtes auf zumindest vorübergehenden Eintritt in ein Zufluchtsland eigener Wahl an Millionen Hilfsbedürftiger und Migrationswilliger in aller Welt ist der Königsweg der Hilfe, sondern der starke, systematische Ausbau rechtsverbindlicher Verpflichtungen der wohlhabenden Länder, jenseits ihrer Grenzen Hilfe zu leisten, wo sie gebraucht wird. Was das konkret bedeutet, lässt sich hier nur andeuten.

Grundsätzlich geht es um die Verpflichtung, dazu beizutragen, dass die ständig massenhaft wirkenden Migrationsimpulse wie Armut und Perspektivlosigkeit ihre Kraft allmählich verlieren. Entwicklungshilfe bisherigen Stils hat das offensichtlich nicht vermocht. Schlüsselbedeutung kommt dabei der Schaffung von Arbeitsplätzen in den armen Ländern zu. Ebenso der demographischen Entwicklung. Sie darf der wirtschaftlichen Entwicklung nicht ständig davonlaufen. Die Schwierigkeiten dieser Aufgabe sind schon deshalb gewaltig, weil sie aussichtsreich nur in Zusammenarbeit mit einheimischen Regierungen, die sich dem Gemeinwohl ihres Landes verpflichtet fühlen, angegangen werden kann. Die sind in den Krisenregionen der Welt nicht die Regel.

Zum andern geht es um Hilfe in akuten Notlagen – Naturkatastrophen, Dürren, Hungersnöten, Bürgerkriegen, denen die betroffenen Staaten allein nicht gewachsen sind oder die sie selbst mit zu verantworten haben. Den Vereinten Nationen könnte auf diesem Feld eine viel bedeutendere Rolle zugewiesen werden, als ihr Flüchtlingshilfswerk sie derzeit spielt. Natürlich wird kein Staat der UNO das Recht übertragen, über ihn hinweg zu entscheiden, wie

8 Zu neuen Strategien im Umgang mit der Herausforderung Migration Betts/Collier 2017.

viele und welche Flüchtlinge er, sei es dauerhaft, sei es vorübergehend, aufzunehmen habe. Aber man kann die UNO gerade auf dem hier in Rede stehenden Feld wesentlich stärken, auch ohne diese Schwelle zu überschreiten. Ihr könnte, beispielsweise, auf der Grundlage verlässlicher ausreichender internationaler Finanzierung die Verantwortung für große Lager zugewiesen werden, in denen Flüchtlinge, die eine Chance der Rückkehr haben und sie auch wahrnehmen wollen, vorübergehend nicht nur irgendwie untergebracht werden, sondern menschenwürdig leben können. Was das heißt, davon war schon die Rede. Sie könnte auch die Aufgabe übernehmen, Kontingente von Flüchtlingen zusammenzustellen, die nicht zurückkehren können oder denen Rückkehr nicht zumutbar ist und die deshalb auf Dauer andernorts Zuflucht finden müssen. Auch die Verhandlungen mit den Aufnahmestaaten hätte sie zu führen, müsste dafür freilich in eine rechtlich stärkere Position versetzt werden, als sie sie derzeit hat. Und ebenso die mit den Herkunftsstaaten über die Rückführung der Migranten, die keine Aufnahme im Zielland gefunden haben. Die Instanzen dieses neu zu erfindenden Flüchtlingswerks der Vereinten Nationen sollten – etwa nach dem Vorbild des Roten Kreuzes – so politikfern wie möglich konzipiert werden und dann auch arbeiten.

Selbst wenn ein solcher Neuaufbau einer durchdachten umfassenden internationalen Flüchtlingshilfe in die Wege geleitet würde, würde der Druck auf die Grenzen der Hauptzielländer nicht rasch nachlassen. Es wird deshalb bei dem Recht der betroffenen Staaten, Grenzen ihrer Aufnahmekapazität festzulegen, bleiben müssen. Dass dieses Recht nicht ein Recht ist, sich völlig zu verweigern, ist klar, mag es auch an Möglichkeiten fehlen, Staaten, die sich ihren Pflichten entziehen, zu einem Minimum an Solidarität zu zwingen. Für die Staaten, die ihren Pflichten nachkommen, bleibt die Beschleunigung – das heißt gegebenenfalls auch Vereinfachung – der Verfahren, in denen über das Bleiberecht entschieden wird, eine vorrangige Aufgabe.

Dass neben einer neu organisierten internationalen Flüchtlingshilfe das Asylrecht in seinem Kern – als Recht, Schutz vor existenzieller Verfolgung zu suchen und zu finden – ohne rechtsstaatliche Hypertrophien erhalten bleiben muss, soll ausdrücklich gesagt werden. Das setzt freilich voraus, dass die Fehlentwicklungen, die dazu geführt haben, dass das Asylrecht weithin als Tor zur Einwanderung wahrgenommen und genutzt wird, korrigiert werden. So schwierig das ist, die Aufgabe klar zu benennen wäre immerhin ein erster wichtiger Schritt. Schon er erfordert Mut.

Um an den moralischen Imperativ, der die Richtung bestimmen muss, noch einmal zu erinnern: Es gilt, von dem Lotteriespiel, das Hilfe dem zuteilwerden lässt, der es bis an die Grenzen eines Zufluchtslandes schafft, wegzukommen hin zu internationalen Hilfsprogrammen, die die erreichen, die am dringendsten der Hilfe bedürfen, und die unterscheiden zwischen denen, die auf dauerhafte oder vorübergehende Aufnahme in einem Zufluchtsland zwingend angewiesen sind, und denen, für die das nicht gilt. Es gibt überzeugende Beispiele dafür, wenn auch nicht viele, wie Staaten auf unkonventionelle Weise ihre humanitäre Pflicht, vorrangig den Hilfsbedürftigsten unter den Hilfsbedürftigen zu helfen, erfüllen können. Die Aufnahme jesidischer Frauen, die dem IS in die Hände gefallen waren, ist eines. Die Aufnahme kriegsverletzter Kinder zum Zweck medizinischer Behandlung ein anderes. Die Rettung von sogenannten Ortskräften aus Afghanistan nach der Machtübernahme durch die Taliban ein drittes.

Wir müssen unser Nachdenken über Migration abbrechen – das Thema droht, nicht überraschend, sich zu verselbstständigen. Eingeführt hatten wir es ja nur, um an einem Beispiel wenigstens andeutungsweise zu zeigen, was es heißt, zwischen Gemeinwohl und Weltverantwortung abzuwägen. Das ist die spannungsreiche Relation, die grundsätzlich zu bedenken unser eigentliches Vorhaben war. Ein knapper Rückblick auf die drei Schritte, die dem Schlusskapitel vorausgingen, mag das am Ende noch einmal in Erinnerung rufen.

Das erste Kapitel mündete in die These ein, die Idee des Gemeinwohls sei unverzichtbar, weil jede politische Ordnung, die nicht einfach nur ein für beliebige Zwecke nutzbares Instrument in der Hand der Mächtigen sein will, eine verbindliche Vorstellung von ihrer Bestimmung brauche. Unter den Bedingungen des weltanschaulichen Pluralismus der Moderne könne das Gemeinwohl aber nur noch als regulative Idee gedacht werden – offen, aber nicht leer. Die Idee des Gemeinwohls stelle sich, so lautete eine zweite Umschreibung des gleichen Gedankens, als normativ gerahmter, normativ konturierter Diskursraum dar. Die normative Kontur haben wir so bestimmt: Es gehe um ein Wohl, an dem alle teilhaben. Was das konkret heißt, ist fast nie eindeutig, jenseits allen Zweifels beantwortbar. Darüber muss in jenem ›normativ konturierten Diskursraum‹ gestritten werden.

Das zweite Kapitel war der Suche nach einem demokratiegemäßen Gemeinwohlbegriff gewidmet. Diese Suche musste zuerst einmal zur Kenntnis nehmen, dass das in der Theorie wie in der Praxis weit verbreitete Verständnis der Demokratie als einem geregelten Wettbewerb zwischen legitimen Partikularismen nicht besonders offen für den Gemeinwohlgedanken ist. Das gilt erst recht, wenn Demokratie prinzipiell als politische Ordnung des Relativismus verstanden wird. Allenfalls der demokratische Modus der Politik, das demokratische Verfahren, kann dann noch als

Gemeinwohlgut begriffen werden. Und dieser Ausweg ist auch oft eingeschlagen worden.

Er ignoriert, dass der demokratische Modus der Politik sich auf normative Prämissen gründet, die über ihn hinausweisen. Diese Prämissen sagen etwas über die Zwecke aus, denen der Modus dienen soll. Sie postulieren, jeder habe in einem demokratischen Gemeinwesen den gleichen Anspruch darauf, dass seine Belange in den Entscheidungen, die ihn treffen, faire Berücksichtigung finden. Dieses Axiom ist eine von mehreren möglichen demokratiegemäßen Beschreibungen der Kontur jenes ›normativ konturierten Diskursraumes‹, als den wir die regulative Idee des Gemeinwohls im ersten Kapitel zu fassen versucht haben.

Das Regelwerk des demokratischen Verfassungsstaates dient der fairen Berücksichtigung der Belange eines jeden Betroffenen nach aller Erfahrung zwar besser als jede andere politische Ordnung. Aber es kann, wie immer es im Einzelnen ausgestaltet sein mag, die so verstandene Gemeinwohlorientierung der Politik nicht garantieren. Die regulative Idee des Gemeinwohls, so haben wir am Ende ihre Unverzichtbarkeit für das demokratische Gemeinwesen bestimmt, hebe die Differenz zwischen dem Sinn des demokratischen Entscheidungsmodus und seinen jeweiligen aktuellen Ergebnissen ins Bewusstsein.

Das dritte Kapitel wandte sich der Frage zu: Um wessen Wohl geht es, wenn wir vom Gemeinwohl reden? Die Antwort des traditionellen Gemeinwohldenkens war einfach und klar: Gemeinwohlsubjekt ist jedes Gemeinwesen in seiner Partikularität, autark gedacht im Sinne des aristotelischen Polis-Ideals. In einer Welt dichter globaler Interdependenzen ist dieses, wie wir es genannt haben, ›monadische‹ Gemeinwohlverständnis wirklichkeitsfern und normativ defizitär. Aber auch der konsequent universalistische Gegenentwurf ist wirklichkeitsfern und normativ defizitär. Das begrenzte Gemeinwesen, das eine eigene politische Identität auszubilden vermag, bleibt aus vielerlei Gründen, darunter elementar anthropologischen, der primäre Raum der Politik. Ihm bleibt die Kategorie Gemeinwohl an erster Stelle zugeordnet.

Aber jedes Gemeinwesen hat grenzüberschreitende Verantwortlichkeiten – für die Menschheitsgüter, für den Ausgleich unerträglicher Ungleichheiten, für externe Effekte des eigenen politischen Handelns. Wenn man will, kann man diese Verantwortlichkeiten als grenzüberschreitende Gemeinwohlpflichten beschreiben. Obwohl internationalen Organisationen und internationalen Regimen, dem Völkerrecht im Allgemeinen eine immer größere Bedeutung für die Wahrnehmung dessen zufallen wird, was in diesem Essay Weltverantwortung genannt wird, bleiben die Staaten auch jenseits ihrer eigenen Grenzen die politischen Schlüsselakteure. Sie müssen freilich umlernen, um die richtige Balance zwischen ihren Gemeinwohlpflichten und ihrer Weltverantwortung zu finden.

Erst an diesem Punkt kam für einen abschließenden Schritt herunter von der Ebene prinzipieller Erwägungen hinein in die Wirklichkeit, in der politische Entscheidungen zu treffen sind, das Thema Migration ins Spiel. Es diente dazu, an einem Beispiel besonderer Komplexität das Postulat, am Ende müsse abgewogen werden, mindestens ein Stück weit so konkret wie möglich durchzudeklinieren. Das Beispiel lehrt, dass ›Abwägen‹ zunächst einmal bedeutet, die Wirklichkeit ohne Scheuklappen, genau zur Kenntnis zu nehmen. Erst dann lassen sich die beiden der Politik vorgegebenen Verantwortlichkeiten, die umfassende für das eigene Gemeinwesen und die begrenzte, die über die eigenen Grenzen hinausweist, sinnvoll zueinander in Beziehung setzen.

Literaturverzeichnis.

U.v. Alemann/R. Heinze/U. Wehrhöfer (Hg.): *Bürgergesellschaft und Gemeinwohl*, Opladen 1999.

G. Ambrosius/P. Schmitt-Egner (Hg.): *Europäisches Gemeinwohl*, Baden-Baden 2006.

M. Anderheiden: *Gemeinwohl in Republik und Union*, Tübingen 2006.

H.H.v. Arnim: *Gemeinwohl und Gruppeninteressen*, Frankfurt a.M. 1977.

H.H.v. Arnim/K.-P. Sommermann (Hg.): *Gemeinwohlgefährdung und Gemeinwohlsicherung*, Berlin 2004.

S. Avineri/A. de Shali (Hg.): *Communitarianism and Individualism*, Oxford 1992.

K. Graf Ballestrem (Hg.): *Internationale Gerechtigkeit*, Opladen 2001.

R. Bauböck: »The Democratic Case for Immigration«, in: *Politische Vierteljahresschrift* 61 (2020), S. 357–375.

S. Benhabib: *Die Rechte der Anderen*, Frankfurt a.M. 2008.

S. Benhabhib: »Gibt es ein Menschenrecht auf Demokratie?«, in: Broszies/Hahn [3]2016, S. 404–438.

A. Betts/P. Collier: *»Gestrandet«. Warum unsere Flüchtlingspolitik allen schadet – und was jetzt zu tun ist*, München 2017.

J.M. Bovin/G. Kohler/B. Sitter-Live: *Gemeinwohl – ein kritisches Plädoyer*, Fribourg 2004.

Ch. Broszies/H. Hahn (Hg.): *Globale Gerechtigkeit*, Berlin [3]2016.

W. Brugger: »Gemeinwohl als Ziel von Staat und Recht an der Jahrtausendwende. Das Beispiel Europäische Gemeinschaft«, in: P.Ch. Müller-Graff/H. Roth: *Recht und Rechtswissenschaft*, Heidelberg 2000, S. 15–34.

W. Brugger: »Gemeinwohl als Integrationskonzept von Rechtsicherheit, Legitimität und Zweckmäßigkeit«, in: Brugger/Kirste/Anderheiden 2002, S. 17–40.

W. Brugger/S. Kirste/M. Anderheiden (Hg.): *Gemeinwohl in Deutschland, Europa und der Welt*, Baden-Baden 2002.

H. Buchstein: »›Gretchenfrage‹ ohne klare Antwort. – Ernst Fraenkels politikwissenschaftliche Gemeinwohlkonzeption«, in: Münkler/Bluhm/Fischer 2001/02, Bd. IV (2002), S. 217–240.

H. Buchstein/R. Schmalz-Bruns: »Republikanische Demokratie«, Nachwort zu B. Barber: *Starke Demokratie*, Hamburg 1994.

Ch. Callies: »Gemeinwohl in der Europäischen Union«, in: Brugger/Kirste/Anderheiden 2002, S. 175–213.

J. Carens: *The Ethics of Immigration*, Oxford 2013.

J. Carens: »Ein Plädoyer für offene Grenzen«, in: Dietrich 2017, S. 166–211.

A. Cassee: *Globale Bewegungsfreiheit*, Berlin 2016.

N. Chomsky: *The Common Good*, Tuscon 2003.

E. Collaud/M. Nebel (Hg.): *Searching for the Common Good*, Baden-Baden 2018.

Daedalus 142 (2013; Themenheft zum Thema Gemeinwohl).

R. A. Dahl: *Democrarcy and its Critics*, New Haven 1989.

R. A. Dahl: »Can International Organization Be Democratic?«, in: I. Shapiro/C. Hacker-Cordón: *Democracy's Edges*, Cambridge 1999, S. 19–36.

R. A. Dahl/E. Tufte: *Size and Democracy*, Stanford 1973.

H.E. Daly/J.B. Cobb: *For the Common Good: Rediscovering the Economy toward Community, the Environment, and a Sustainable Future*, Boston 1989.

G. Demuijnck: »Globale Gerechtigkeit hat Vorrang vor nationaler Selbstbestimmung«, in: Ballestrem 2001, S. 91–105.

F. Dietrich (Hg.): *Ethik der Migration*, Berlin 2017.

B. Douglas: »The Common Good and the Public Interest«, in: *Political Theory* 8 (1980), S. 103–117.

A. El-Mafaalani: *Das Integrationsparadox*, Köln 2018.

A. Etzioni (Hg.): *New Communitarian Thinking. Persons, Virtues, Institutions and Communities*, Charlottesville 1995.

A. Etzioni: *The Common Good*, Cambridge Mass. 2004.

U. di Fabio: *Der Verfassungsstaat in der Weltgesellschaft*, Tübingen 2001.

U. di Fabio: »Das Gemeinwohl der Weltgesellschaft«, in: Flick 2018, S. 25–41.

K. Fischer: »Das öffentliche Interesse am Privatinteresse und die ›ausgefranste Gemeinnützigkeit‹«, in: Schuppert/Neidhardt 2002, S. 65–86.

R. Flathman: *The Public Interest*, New York u.a. 1966.

C.M. Flick (Hg.): *Das Gemeinwohl im 21. Jahrhundert*, Göttingen 2018.

R. Forst: »Zu einer kritischen Theorie transnationaler Gerechtigkeit«, in: Broszies/Hahn [3]2016, S. 439–464.

E. Fraenkel: *Gesammelte Schriften*, Bd. 5, Baden-Baden 2007.

E. Fraenkel: *Deutschland und die westlichen Demokratien*, Baden-Baden [9]2011.

C. J. Friedrich (Hg.): *The Public Interest, Nomos V*, New York 1966.

L. Fritze: *Kritik des moralischen Universalismus. Über das Recht auf Selbstbehauptung in der Flüchtlingskrise*, Paderborn 2017.
D. Fröhlich: *Das Asylrecht im Rahmen des Unionsrechts*, Tübingen 2011.
D. Fuchs: »Gemeinwohl und Demokratieprinzip«, in: Schuppert/Neidhardt 2002, S. 87–106.
T. Gas: *Gemeinwohl und Individualfreiheit im nationalen Recht und im Völkerrecht*, Hamburg 2012.
A. Gierer: »Biologie, Menschenbild und die knappe Ressource Gemeinsinn«, in: Münkler/Bluhm/Fischer 2001/02, Bd. IV (2002), S. 19–36.
D. Grimm: »Gemeinwohl in der Rechtsprechung des Bundesverfassungsgerichts«, in. Münkler/Bluhm/Fischer 2001/02, Bd. III (2002), S. 125–140.
Th. Grundmann/A. Stephan (Hg.): *Welche und wie viele Flüchtlinge sollen wir aufnehmen?*, Stuttgart 2016.
P. Häberle: »›Gemeinwohl‹ und ›Gemeinsinn‹ im national-verfassungsrechtlichen und europarechtlichen Kontext«, in: Münkler/Bluhm/Fischer 2001/02, Bd. III (2002), S. 99–124 (2002a).
P. Häberle: »Gibt es ein europäisches Gemeinwohl?«, in: H. J. Cremer u.a. (Hg.): *Tradition und Weltoffenheit des Rechts. Festschrift für Helmut Steinberger*, Berlin u.a. 2002, S. 1153–1174 (2002b).
J. Habermas: »Hat die Konstitutionalisierung des Völkerrechts noch eine Chance? Politisch verfasste Weltgesellschaft vs. Weltrepublik«, in: Broszies/Hahn [3]2016, S. 373–403.
K. Hailbronner: *Asyl- und Ausländerrecht*, Stuttgart [5]2021.
F. Heckmann: *Integration von Migranten*, Wiesbaden 2015.
P. Hirbst: *Utilitas Publica – gemeiner Nutz – Gemeinwohl. Untersuchungen zur Idee eines politischen Leitbegriffes von der Antike bis zum späten Mittelalter*, Frankfurt a.M. 1991.
A. Hirschman: *Engagement und Enttäuschung. Über das Schwanken der Bürger zwischen Gemeinwohl und Privatwohl*, Frankfurt a.M. 1984.
A. Hirschman: *Leidenschaften und Interessen. Politische Begründungen des Kapitalismus vor seinem Sieg*, Frankfurt a.M. 1987.
O. Höffe: *Demokratie im Zeitalter der Globalisierung*, München 1999.
H. Hofmann: »Verfassungsrechtliche Annäherungen an den Begriff des Gemeinwohls«, in: Münkler/Bluhm/Fischer 2001/02, Bd. III (2002), S. 25–42.
A. Honneth (Hg.): *Kommunitarismus. Eine Debatte über die Grundlagen moderner Gesellschaften*, Frankfurt a.M. 1993.
D. Hume: *Essays Moral, Political and Literary*, Indianapolis 1987.

E.J. Hundert: *The Enlightenments Fable. Bernard Mandeville and the Discovery of Society*, Cambridge 1994.

J. Isensee: »Das Amt als Medium des Gemeinwohls in der freiheitlichen Demokratie«, in: Schuppert/Neidhardt 2002, S. 241–270.

J. Isensee: *Gemeinwohl und öffentliches Amt*, Wiesbaden 2014.

J. Isensee: *Grenzen. Zur Territorialität des Staates*, Berlin 2018.

M. Jachtenfuchs: »Versuch über das Gemeinwohl in der postnationalen Konstellation«, in: Schuppert/Neidhardt 2002, S. 367–383.

B. Jordan: *The Common Good. Citizenship, Morality, and Self-Interest*, Oxford 1989.

D. Jörke: *Die Größe der Demokratie*, Berlin 2019.

H. Kelsen: *Vom Wesen und Wert der Demokratie*, Aalen 1981.

W. Kersting: »Die Liberalismus-Kommunitarismus-Kontroverse«, in: *Jahrbuch für politisches Denken 1991*, Stuttgart 1992, S. 82–102.

W. Kersting: *Wohlgeordnete Freiheit. Immanuel Kants Rechts- und Staatsphilosophie*, Frankfurt a.M. [2]1993.

P. Graf Kielmansegg: »Gemeinwohl durch politischen Wettbewerb«, in: v. Arnim/Sommermann 2004, S. 125–134.

P. Graf Kielmansegg: *Die Grammatik der Freiheit. Acht Versuche über den demokratischen Verfassungsstaat*, Baden-Baden 2013.

P. Graf Kielmansegg: »Kritik des Weltstaates«, in: M. Kühnlein (Hg.): *Das Risiko der Freiheit*, Baden-Baden 2018, S. 159–166.

M. Kneuer (Hg.): *Das Internet. Bereicherung oder Stressfaktor für die Demokratie?*, Baden-Baden 2013.

P. Koller: »Die moralische Relevanz staatlicher Grenzen«, in: Ballestrem 2001, S. 109–130.

P. Koller: »Das Konzept des Gemeinwohls«, in: Brugger/Kirste/Anderheiden 2002, S. 41–70.

N. Kortendieck/M. Martinez Marco (Hg.): *Grenze und Demokratie*, Frankfurt a.M. u.a. 2017.

P. Koslowski (Hg.): *Das Gemeinwohl zwischen Universalismus und Partikularismus*, Stuttgart 1999.

W. Kymlicka: *Politische Philosophie heute*, Frankfurt a.M. 1996.

K.-H. Ladeur: »Die Prozeduralisierung der Bestimmung des Gemeinwohls«, in: Brugger/Kirste/Anderheiden 2002, S. 257–288.

B. Ladwig: »Gemeinwohl und Eigensinn. Eine Auseinandersetzung mit Winfried Brugger und Peter Koller«, in: Brugger/Kirste/Anderheiden 2002, S. 71–101 (2002a).

B. Ladwig: »Liberales Gemeinwohl«, in: Münkler/Bluhm/Fischer 2001/02, Bd. IV (2002), S. 85–112 (2002b).

B. Löffler: *Integration in Deutschland*, München 2011.
S. Luft: *Die Flüchtlingskrise*, München 2016.
J. Messner: *Das Gemeinwohl. Idee, Wirklichkeit, Aufgaben*, Osnabrück 1962.
D. Miller: »Nationale Selbstbestimmung und globale Gerechtigkeit«, in: Ballestrem 2001, S. 66–90.
D. Miller: *National Responsibility and Global Justice*, Oxford 2007.
D. Miller: »Vernünftige Parteilichkeit gegenüber Landsleuten«, in: Broszies/Hahn [3]2016, S. 146–171.
D. Miller: *Fremde in unserer Mitte*, Berlin 2019.
J. Z. Muller: *Adam Smith in His Time and Ours*, New York 1993.
H. Münkler: »Politische Tugend. Braucht die Demokratie eine sozialmoralische Grundlegung?«, in: ders. (Hg.): *Die Chancen der Freiheit*, München u.a. 1992, S. 25–46.
H. Münkler: »Gemeinwohlsemantiken und Selbstbindungen in der Politik«, in: Berlin-Brandenburgische Akademie der Wissenschaften (Hg.): *Berichte und Abhandlungen*, Bd. 9, Berlin 2002, S. 83–105.
H. Münkler/H. Bluhm: »Gemeinwohl und Gemeinsinn zwischen Normativität und Faktizität«, in: Münkler/Bluhm/Fischer 2001/02, Bd. IV (2002), S. 9–19.
H. Münkler/H. Bluhm: »Gemeinwohl und Gemeinsinn als politisch-soziale Leitbegriffe«, in: Münkler/Bluhm/Fischer 2001/02, Bd. I (2001), S. 19–30.
H. Münkler/H. Bluhm/K. Fischer (Hg.): *Gemeinwohl und Gemeinsinn*, 4 Bde., Berlin 2001/02.
H. Münkler/K. Fischer: »Rhetorik des Gemeinwohls und Probleme des Gemeinsinns«, in: Münkler/Bluhm/Fischer 2001/02, Bd. II (2002), S. 9–17.
Th. Nagel: »Das Problem globaler Gerechtigkeit«, in: Broszies/Hahn [3]2016, S. 104–145.
J. Nida-Rümelin: *Über Grenzen denken. Eine Ethik der Migration*, Hamburg 2017.
M.C. Nussbaum: »Jenseits des Gesellschaftsvertrages. Fähigkeiten und globale Gerechtigkeit«, in: Broszies/Hahn [3]2016, S. 209–241.
S. Oeter: »Gemeinwohl in der Völkerrechtsgemeinschaft«, in: Brugger/Kirste/Anderheiden 2002, S. 215–243.
C. Offe: »Wessen Wohl ist das Gemeinwohl?«, in: Münkler/Bluhm/Fischer 2001/02, Bd. II (2002), S. 55–76.
K. Ott: *Zuwanderung und Moral*, Ditzingen 2018.

H. Ottmann: »Kommentar zu Peter Koller ›Die moralische Relevanz staatlicher Grenzen‹«, in: Ballestrem 2001, S. 131–135.

J.A. Pocock: *The Machiavellian Moment. Florentine Political Thought and the Atlantic Republican Tradition*, Princeton 1975.

Th.P. Pogge: »›Armenhilfe‹ im Ausland«, in: Broszies/Hahn ³2016, S. 263–301.

U.K. Preuß: »Citizenship und Gemeinwohl«, in: Schuppert/Neidhardt 2002, S. 271–294.

R.D. Putnam (Hg.): *Gesellschaft und Gemeinsinn*, Gütersloh 2001.

G. Radbruch: »Der Relativismus in der Rechtsphilosophie«, in: ders.: *Der Mensch im Recht*, Göttingen 1957, S. 80–88.

A. Rauscher (Hg.): *Selbstinteresse und Gemeinwohl*, Berlin 1985.

J. Rawls: *Das Recht der Völker*, Berlin 2002.

R. Schmalz-Bruns: »Gemeinwohl und Gemeinsinn im Übergang«, in: Münkler/Bluhm/Fischer 2001/02, Bd. IV (2002), S. 241–271.

P. Schmitt-Egner: *Gemeinwohl. Konzeptionelle Grundlinien zur Legitimität und Zielsetzung von Politik im 21. Jahrhundert*, Baden-Baden 2015.

G.A. Schubert: *The Public Interest. A Critique of the Theory of a Political Concept*, New York 1961.

W. Schulze: »Vom Gemeinnutz zum Eigennutz. Über den Normenwandel in der ständischen Gesellschaft der frühen Neuzeit«, in: *Historische Zeitschrift* 243 (1986), S. 591–626.

J.A. Schumpeter: *Capitalism, Socialism and Democracy*, London u.a. 1996.

G.F. Schuppert/F. Neidhardt (Hg.): *Gemeinwohl – Auf der Suche nach Substanz*, Berlin 2002.

H.-P. Schwarz: *Die neue Völkerwanderung nach Europa. Über den Verlust politischer Kontrolle und moralischer Gewissheiten*, München 2017.

J. Shklar: »The Liberalism of Fear«, in: L. Rosenblum (Hg.): *Liberalism and the Moral Life*, Cambridge Mass. 1991, S. 21–38.

T. Stein: »Moral in Zeiten der Klimakrise«, in: *Frankfurter Allgemeine Zeitung* (24. 6. 2019), S. 6.

R. Steinberg: »Langzeitverantwortung im Umweltstaat«, in: Schuppert/Neidhardt 2002, S. 349–368.

B. Sutor: »Traditionelles Gemeinwohl und liberale politische Theorie«, in: K. Graf Ballestrem/H. Ottmann (Hg.): *Theorie und Praxis. Festschrift für Nikolaus Lobkowitz zum 65. Geburtstag*, Berlin 1996, S. 155–177.

Ch. Taylor: »Aneinander vorbei. Die Debatte zwischen Liberalismus und Kommunitarismus«, in: Honneth 1993, S. 103–130.

Ch. Taylor: *Wieviel Gemeinschaft braucht die Demokratie?*, Frankfurt a. M. 2002.

D. Thym/K. Hailbronner: *EU Immigration and Asylum Law*, München [3]2022.

U. Tietz: »Gemeinwohl, Gemeinsinn und die Grenzen des ›Wir‹«, in: Münkler/Bluhm/Fischer 2001/02, Bd. IV (2002), S. 37–70.

R. Uerpmann: »Verfassungsrechtliche Gemeinwohlkriterien«, in: Schuppert/Neidhardt 2002, S. 179–195.

A. Verdross: »Vom Gemeinwohl des Staatsbürgers zum Gemeinwohl der Menschheit«, in: H. Klecatsky/R. Marcic/H. Schambeck (Hg.): *Die Wiener rechtstheoretische Schule. Schriften von Hans Kelsen, Adolf Merkl, Alfred Verdross*, Wien u.a. 1969, S. 811–815.

M. Viroli: *Die Idee der republikanischen Freiheit*, Zürich u.a. 2002.

L. Waas: »Gemeinwohl mit oder ohne Gemeinsinn? Die Liberalismus/Kommunitarismus-Kontroverse und der Streit um die ›Bienenfabel‹«, in: K. Graf Ballestrem/H. Ottmann (Hg.): *Theorie und Praxis. Festschrift für Nikolaus Lobkowitz zum 65. Geburtstag*, Berlin 1996, S. 207–225.

M. Walzer: *Sphären der Gerechtigkeit*, Frankfurt a.M. 1994.

H. Weidner: »Wie nachhaltig ist das Gemeinwohl?«, in: Schuppert/Neidhardt 2002, S. 127–156.

Ch. Welzel: »Gemeinwohl als Bürgerwohl. Die Perspektive der Humanentwicklung«, in: Schuppert/Neidhardt 2002, S. 109–126.

I. M. Young: »Verantwortung und globale Gerechtigkeit. Ein Modell sozialer Verbundenheit«, in: Broszies/Hahn [3]2016, S. 329–369.

Ch. Zahlmann (Hg.): *Kommunitarismus in der Diskussion*, Berlin 1992.

Heidelberger Akademische Bibliothek

bereits erschienen:

Ernst A. Schmidt: *Lateinische Philologie als hermeneutische Textwissenschaft*

Fritz Peter Knapp: *Vergleichende mediävistische Literaturwissenschaft*

Gerd Theißen: *Religionskritik als Religionsdiskurs*

Anton Friedrich Koch: *Philosophie und Religion*

Dieter Langewiesche: *Vom vielstaatlichen Reich zum föderativen Bundesstaat*

Eike Wolgast: *Die evangelischen Kirchenordnungen des 16. Jahrhunderts als kodifizierte Reformation*

Johannes Siegrist: *Anerkennung und Gesundheit*

Lothar Ledderose: *China Schreibt Anders*

Manfred Frank: *Über Motivation oder den ›Zusammenhalt der geistigen Welt‹*

Otfried Höffe: *Was hält die Gesellschaft noch zusammen?*